Improve your English
Sentence Structure and
Expression

영어다운 영어

영어식 구문과 표현 따라잡기

번역투나 콩클리쉬가 아닌 진짜 영어다운 영어를 구사하고자 하는 고급 학습자를 위한 길잡이.
한국인의 인지 구조를 바탕으로 영어식 문장 구성을 할 수 있도록 맞춤형으로 고안된
고급 영어 글쓰기 및 토론 교재

박기성·신진원 지음

Real English

부산대학교출판문화원

책의 목차

제1부
개념과 구조

제2부
표현

제1부
개념과
구조

제 2 부

표현

Contents

책의 구성

본 교재는 두 파트로 구성된다.

먼저, 첫번째 파트인 제 1부는 **'개념과 구조'**에 대한 6개의 장으로 구성된다. 문장을 구성하는 주어, 서술어, 수식어, 부사어, 접속어 등과 같은 문장 성분으로 구분하였으며, 이 파트에서 한국어와 영어의 차이를 바탕으로 한 영어식 문장구성을 이해하고 연습한다.

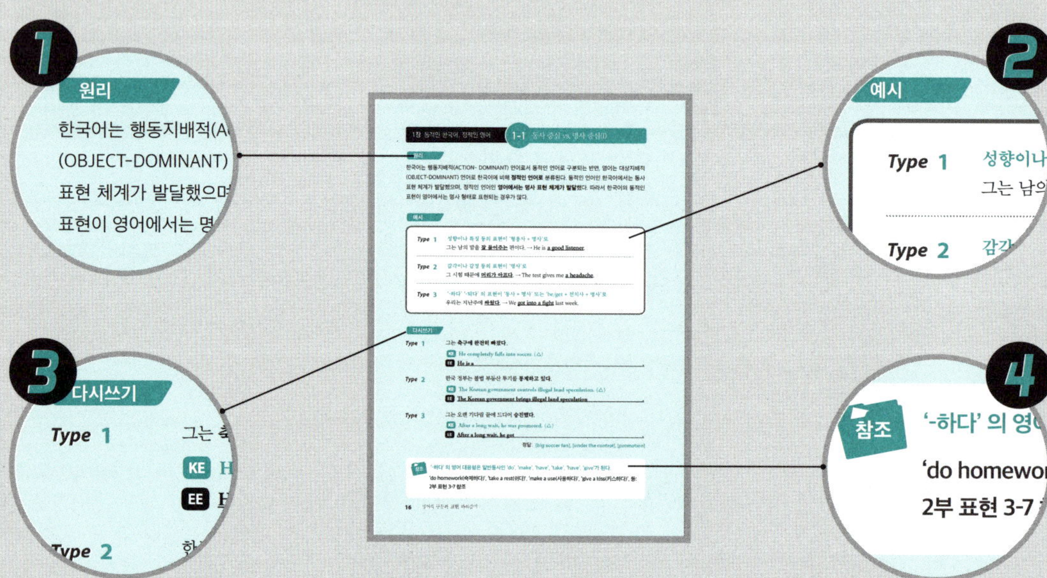

1 **〈원리〉**는 한국어와 영어의 인지적 차이를 언어학의 기본적인 원리로 쉽고 간단하게 설명한 부분이다.

2 **〈예시〉**는 개념 원리와 관련하여 구체적인 유형을 구분하고 간단한 예문을 통해 사용법을 확인하는 부분이다.

3 **〈다시쓰기〉**는 각 개념에 대한 한국인의 인식구조에서 나오는 한국식 영어문장(KE)을 영어식(EE)으로 수정해 보는 연습을 할 수 있도록 짜여져 있다. 텍스트에 제시한 콩글리쉬 문장을 〈원리〉에서의 설명을 바탕으로 영어식 인지구조의 글로 바꿔보는 연습이다.

4 **〈참조〉**는 예문이나 구문연습을 통해 다루어지지 않았으나, 영어문장 구성에 필요한 유용한 Tip들을 모아 놓은 부분이다.

두번째 파트인 제 2부는 **'표현'**이다. 이 부분은 본격적인 영어식 표현을 익히는 파트로 부정표현, 강조표현, 명사, 동사, 형용사, 전치사와 같은 품사를 이용한 영어식 표현 연습을 할 수 있도록 7개의 장으로 구성되었다.

각 장은 다시 여러 개의 unit으로 구성되는 데, 하나의 unit은 다음과 같이 〈원리〉, 〈예시〉, 〈다시쓰기〉, 〈구문연습Ⅰ〉, 〈구문연습Ⅱ〉, 〈구문연습Ⅲ〉, 〈구문연습Ⅱ 제시답안〉으로 조직된다.

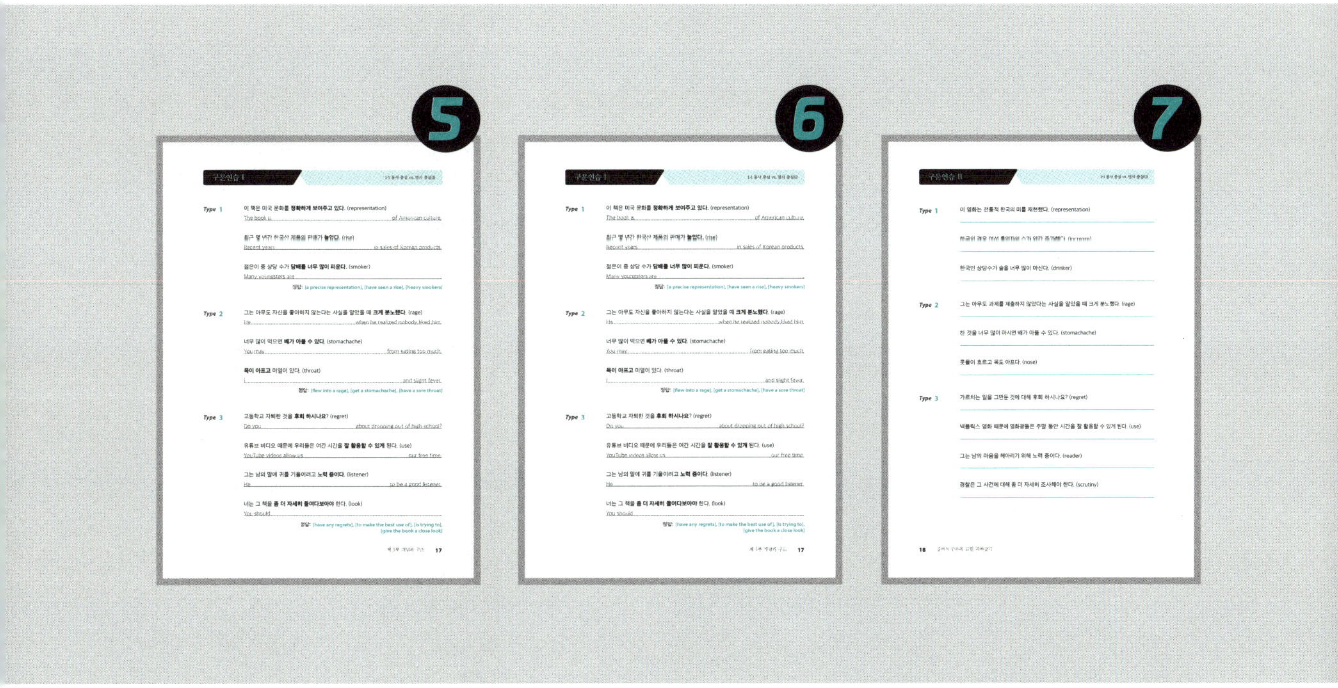

5 **〈구문연습Ⅰ〉**은 〈예문〉을 바탕으로 나뉘어진 유형에 맞추어, 괄호안에 제시된 단어를 적절히 넣어 문장을 완성해 보는 파트이다.

6 **〈구문연습Ⅱ〉**는 〈구문연습Ⅰ〉과 같은 구조의 문장을 보다 심화하여 연습할 수 있도록 구성된다. 〈구문연습Ⅰ〉이 괄호 넣기를 통해 문장을 완성해 본다면, 〈구문연습Ⅱ〉는 문장 전체를 학습자가 작성하도록 구성된다.

7 **〈구문연습 제시답안〉**은 〈구문연습Ⅱ〉의 각 문장들을 대해 본 교재 저자가 제시하는 샘플 답안들을 볼 수 있는 부분이다. 학습자들이 〈구문연습Ⅱ〉에서 직접 문장 작성 후 바로 확인해 볼 수 있도록 〈구문연습Ⅱ〉 바로 옆 페이지에 배치되었다.

제 1 부
개념과 **구조**

1장
동적인 한국어, 정적인 영어

1-1 동사 중심 vs. 명사 중심(I)

1-2 동사 중심 vs. 명사 중심(Ⅱ)

1-3 부사 발달 vs. 형용사 발달

1-4 동사 vs. 전치사

1-5 의성/의태어 vs. 동사 융합

1-1 동사 중심 vs. 명사 중심(I)

원리

한국어는 행동지배적(ACTION- DOMINANT) 언어로서 동적인 언어로 구분되는 반면, 영어는 대상지배적(OBJECT-DOMINANT) 언어로 한국어에 비해 **정적인 언어로** 분류된다. 동적인 언어인 한국어에서는 동사 표현 체계가 발달했으며, 정적인 언어인 **영어에서는 명사 표현 체계가 발달**했다. 따라서 한국어의 동적인 표현이 영어에서는 명사 형태로 표현되는 경우가 많다.

예시

***Type* 1** 성향이나 특징 등의 표현이 '형용사 + 명사'로
그는 남의 말을 **잘 들어주는** 편이다. → He is a good listener.

***Type* 2** 감각이나 감정 등의 표현이 '명사'로
그 시험 때문에 **머리가 아프다**. → The test gives me a headache.

***Type* 3** '-하다' '-되다' 의 표현이 '동사 + 명사' 또는 'be/get + 전치사 + 명사'로
우리는 지난주에 **싸웠다**. → We got into a fight last week.

다시쓰기

***Type* 1** 그는 **축구에 완전히 빠졌다**.

KE He completely falls into soccer. (△)

EE **He is a ______________.**

***Type* 2** 한국 정부는 불법 부동산 투기를 **통제하고 있다**.

KE The Korean government controls illegal land speculation. (△)

EE **The Korean government brings illegal land speculation ______________.**

***Type* 3** 그는 오랜 기다림 끝에 드디어 **승진했다**.

KE After a long wait, he was promoted. (△)

EE **After a long wait, he got ______________.**

정답: [big soccer fan], [under the control], [promotion]

참조 '-하다' 의 영어 대응형은 일반동사인 'do', 'make', 'have', 'take', 'have', 'give'가 된다.

'do homework(숙제하다)', 'take a rest(쉬다)', 'make a use(사용하다)', 'give a kiss(키스하다)', 등: 2부 표현 3-7 참조

구문연습 I

***Type* 1**

이 책은 미국 문화를 **정확하게 보여주고 있다.** (representation)

The book is ______________________________ of American culture.

최근 몇 년간 한국산 제품의 판매가 **늘었다.** (rise)

Recent years ______________________________ in sales of Korean products.

젊은이 중 상당 수가 **담배를 너무 많이 피운다.** (smoker)

Many youngsters are ______________________________.

정답: [a precise representation], [have seen a rise], [heavy smokers]

***Type* 2**

그는 아무도 자신을 좋아하지 않는다는 사실을 알았을 때 **크게 분노했다**. (rage)

He ______________________________ when he realized nobody liked him.

너무 많이 먹으면 **배가 아플 수 있다**. (stomachache)

You may ______________________________ from eating too much.

목이 아프고 미열이 있다. (throat)

I ______________________________ and slight fever.

정답: [flew into a rage], [get a stomachache], [have a sore throat]

***Type* 3**

고등학교 자퇴한 것을 **후회 하시나요**? (regret)

Do you ______________________________ about dropping out of high school?

유튜브 비디오 때문에 우리들은 여간 시간을 **잘 활용할 수 있게** 된다. (use)

YouTube videos allow us ______________________________ our free time.

그는 남의 말에 귀를 기울이려고 **노력 중이다**. (listener)

He ______________________________ to be a good listener.

너는 그 책을 **좀 더 자세히 들여다보아야** 한다. (look)

You should ______________________________.

정답: [have any regrets], [to make the best use of], [is trying to], [give the book a close look]

구문연습 II

***Type* 1**

이 영화는 전통적 한국의 미를 재현했다. (representation)

한국의 경우 여성 흡연자의 수가 약간 증가했다. (increase)

한국인 상당수가 술을 너무 많이 마신다. (drinker)

***Type* 2**

그는 아무도 과제를 제출하지 않았다는 사실을 알았을 때 크게 분노했다. (rage)

찬 것을 너무 많이 마시면 배가 아플 수 있다. (stomachache)

콧물이 흐르고 목도 아프다. (nose)

***Type* 3**

가르치는 일을 그만둔 것에 대해 후회 하시나요? (regret)

넥플릭스 영화 때문에 영화광들은 주말 동안 시간을 잘 활용할 수 있게 된다. (use)

그는 남의 마음을 헤아리기 위해 노력 중이다. (reader)

경찰은 그 사건에 대해 좀 더 자세히 조사해야 한다. (scrutiny)

***Type* 1**

이 영화는 전통적 한국의 미를 재현했다.

The film is a representation of the traditional Korean beauty.

한국의 경우 여성 흡연자의 수가 약간 증가했다.

Korea experienced a slight increase in the number of female smokers.

한국인 상당수가 술을 너무 많이 마신다.

Many Koreans are heavy drinkers.

***Type* 2**

그는 아무도 과제를 제출하지 않았다는 사실을 알았을 때 크게 분노했다.

He flew into a rage when he realized nobody had submitted the assignment.

찬 것을 너무 많이 마시면 배가 아플 수 있다.

You may get a stomachache from drinking something cold.

콧물이 흐르고 목도 아프다.

I have a runny nose and a sore throat.

***Type* 3**

가르치는 일을 그만둔 것에 대해 후회 하시나요?

Do you have any regrets about quitting your teaching job?

넥플릭스 영화 때문에 영화광들은 주말 동안 시간을 잘 활용할 수 있게 된다.

Netflix movies allow movie fans to make the best use of their time on the weekend.

그는 남의 마음을 헤아리기 위해 노력 중이다.

He is trying to be a good mind reader.

경찰은 그 사건에 대해 좀더 자세히 조사해야 한다.

The police should give the case close scrutiny.

1-2 동사 중심 vs. 명사 중심(Ⅱ)

원리

동사 중심의 한국어에서 '주어 + 서술어' 또는 '목적어 + 서술어'로 구성되는 표현들이 **명사 중심의 영어에서 속격(GENITIVE) 형태의 '명사 of 명사'**로 대응하는 경우가 많다.

예시

***Type* 1** '주어 + 서술어' 표현이 '명사 of 명사'로
경찰이 제때에 도착해야만 그 끔찍한 상황을 막을 수 있다. → **The timely arrival of the police** can prevent the terrible situations.

***Type* 2** '목적어 + 서술어' 표현이 '명사 of 명사'로
자신의 엄마와의 관계로 인해 그는 **여성을 증오하게 되었다.** → His relationship with his mother left him with **a hatred of women.**

다시쓰기

***Type* 1** 의식이 멈췄다고 **생명이 끝난 건 아니다.**

KE That consciousness ends doesn't mean the end of life. (△)

EE ______________________ **doesn't mean the end of life.**

***Type* 1** **빙산이 녹아** 그 지역 강물이 넘쳤다.

KE As icebergs melted, the river overflowed in the region. (△)

EE ______________________ **caused the river to overflow in the region.**

***Type* 2** 그는 더 이상 **팔다리를 못쓴다.**

KE He cannot use his limbs anymore. (△)

EE **He has lost** ______________________.

***Type* 2** 후기인상파 화가들의 상당수가 **일본 미술을 추종했다.**

KE Many post-impressionist painters admired Japanese art.(△)

EE **Many post-impressionist painters were** ______________________.

정답: [The end of consciousness], [The melting of icebergs], [use of his limbs], [admirers of Japanese art]

***Type* 1**

AI가 등장하면서 인간을 위한 일자리가 많이 사라졌다. (coming)

______________________________, many human jobs have been lost.

인터넷이 확산되면서 온라인 콘텐츠에 대한 수요가 많아졌다. (proliferation)

______________________________ has fueled demand for online content.

강대국이 침략한 것은 내전이 막 끝나고서이다. (intrusion)

______________________________ occurred just after the civil war ended.

전기가 발명되면서 산업에서 대혁명이 일어났다. (invention)

______________________________ revolutionized the industry.

모바일 결재 시스템이 등장하면서 소매업자들은 그 시스템에 의존하게 되었다. (advent)

______________________________, retailers have come to rely on the system.

정답: [With the coming of AI], [The proliferation of the Internet], [The intrusion of foreign powers], [The invention of electricity], [With the advent of a mobile payment system]

***Type* 2**

사생활을 침해하는 것은 절대로 안 된다. (invasion)

______________________________ is the last thing we want.

SNS를 통해 **악의적인 소문을 퍼트릴 수 있다.** (spread)

SNS can lead to ______________________________.

그 단체는 모든 돈을 **재난을 복구하는데** 할당한다. (recovery)

The organization allocates a sum of money to ______________________________.

실패를 두려워 하는 것이 나의 성공을 이끈 원동력이다. (root)

______________________________ is the root of my success.

그 시민들은 **자신들의 정부를 강하게 불신하고 있다.** (distrust)

The public have ______________________________.

정답: [An invasion of privacy], [the spread of vicious rumors], [disaster recovery], [Fear of failure], [a profound distrust of the local government]

구문연습 Ⅱ

Type 1

현대 과학 기술이 등장하면서 일자리가 많이 사라졌다. (coming)

인터넷이 확산되면서 인터넷 기반 교육에 대한 수요가 많아졌다. (proliferation)

테러리스트가 건물에 침입해 들어온 것은 막 점심 휴식시간이 끝나고서 이다. (building intrusion)

대중교통이 발달하면서 관광산업에 대혁명이 발생했다. (development)

GPS시스템이 등장하면서, 운전자들은 네비게이션에 의존하게 되었다. (advent)

Type 2

다른 사람의 권리를 침해하는 건 절대로 안 된다. (violation)

SNS를 통해 허위 정보를 퍼트릴 수 있다. (false information)

그 자선 단체는 모든 돈을 가난한 사람들을 돕는데 할당한다. (relief)

태양을 경외하는 것이 종교의 시작이었다. (awe)

그는 경찰을 강하게 불신하고 있다. (distrust)

구문연습 Ⅱ 제시 답안

***Type* 1**

현대 과학 기술이 등장하면서 일자리가 많이 사라졌다.
With the coming of modern technology, many jobs have been lost.

인터넷이 확산되면서 인터넷 기반 교육에 대한 수요가 많아졌다.
The proliferation of the Internet has fueled demand for Internet-based education.

테러리스트가 건물에 침입해 들어온 것은 막 점심 휴식시간이 끝나고서 이다.
The building invasion of the terrorists occurred just after our lunch break.

대중교통이 발달하면서 관광산업에 대혁명이 발생했다.
The development of public transportation revolutionized the tourism industry.

GPS시스템이 등장하면서, 운전자들은 네비게이션에 의존하게 되었다.
With the advent of the GPS system, drivers have come to rely on navigation devices.

***Type* 2**

다른 사람의 권리를 침해하는 건 절대로 안 된다.
Violations of the rights of others are the last thing we want.

SNS를 통해 허위 정보를 퍼트릴 수 있다.
SNS can lead to the spread of false information.

그 자선 단체는 모든 돈을 가난한 사람들을 돕는데 할당한다.
The voluntary organization allocates a sum of money to relief of the poor.

태양을 경외하는 것이 종교의 시작이었다.
Awe of the sun was the beginning of religion.

그는 경찰을 강하게 불신하고 있다.
He has a profound distrust of the police.

1-3 부사 발달 vs. 형용사 발달

원리

동사 표현 중심의 한국어에서는 동사를 수식하는 부사가 명사 표현 중심의 영어에서는 **명사를 수식하는 형용사**가 상대적으로 자주 사용된다. 따라서 같은 표현을 한국어로는 '동사+부사', 영어로는 **'형용사+명사'**로 표현되는 경우가 많다.

예시

***Type* 1** 연어(Collocation)적으로 '부사 + 동사' 표현이 '형용사 + 명사'로
그 군인들은 **규칙적으로** 목욕을 했다. → The soldiers took **regular** baths.

***Type* 2** 수량이나 기간을 나타내는 '부사'가 '형용사'로
그는 집을 **전부** 뒤졌다. → He searched the **entire** house.

다시쓰기

***Type* 1** 시민 대부분이 그 정책을 **적극적으로 지지했다.**

KE Most citizens fully supported the policy. (△)

EE **Most citizens gave ______________________ to the policy.**

***Type* 1** 간밤에 친한 친구가 **갑자기** 우리 집에 **왔다.**

KE Last night my best friend surprisely visited me. (△)

EE **I had ______________________ from my best friend last night.**

***Type* 2** 우리는 **꼬박 6년을** 같은 학교에서 공부했다.

KE We have studied together at the school solidly for six years. (△)

EE **We have studied together at the school for ______________________.**

***Type* 2** 프로그램이 **전부** 모짜르트 작품으로 **구성되어 있었다.**

KE The program consisted entirely of works by Mozart. (△)

EE **______________________ consisted of works by Mozart.**

정답: [their full support], [a surprise visit], [six solid years], [The whole program]

Type 1

외부인은 중앙 통제실에 **쉽게 접근할 수** 없다. (easy)

Visitors can't ______________________ to the central control room.

북한 정부는 이 문제에 대해 **다르게 해석한다.** (different)

The North Korean government has ______________________ of this matter.

한국 음식은 서구 유럽 국가에서 **상당히 인기 있다.** (much)

Korean food ______________________ in western European countries.

자세히 보면 그 시계가 모조품이라는 것을 알 수 있다. (close)

If you ______________________, you can see that the watch is a fake.

신중히 비교한 후 진짜 다이아몬드를 골라야만 한다. (careful)

You must choose a genuine diamond ______________________.

정답: [get easy access], [a different interpretation], [has gained much population], [take a close look at it], [after a careful comparison]

Type 2

우리는 그 가게에서 **연장을 전부** 샀다. (complete)

We bought ______________________ at the store.

제니퍼는 **음악을 하루 종일 듣고** 있다. (entire)

Jennifer spends ______________________.

교사는 학생들이 **학습 능력을 최대한** 발휘할 수 있도록 도와주어야 한다. (full)

Teachers should help students reach ______________________.

상당히 많은 베트남 학생들이 한국 TV 드라마에 익숙해 있었다. (considerable)

______________________ are familiar with Korean TV drama series.

그와 나는 이제 **완전히 남남이다.** (total)

He and I are ______________________.

정답: [a complete set of tools] , [the entire day listening to music], [their full learning abilities], [A considerable number of Vietnamese students], [total strangers]

구문연습 II

Type 1

현대인들은 어디서나 쉽게 인터넷에 접속한다. (easy)

야당 의원들은 이 정책에 대해 부정적으로 바라본다. (negative)

한국 영화는 동남아 국가에서 상당히 인기 있다. (much)

자세히 조사해 보면 그가 거짓 진술했음을 알 수 있다. (close)

정확하게 분석한 후 최상의 것을 선택해야만 한다. (precise)

Type 2

그는 목수 연장을 전부 갖추고 있다. (complete)

제니퍼는 하루 종일 TV를 본다. (entire)

부모는 아이들이 잠재력을 최대한 발휘할 수 있도록 도와주어야 한다. (full)

상당히 많은 태국 학생들이 한국 대중 가요에 익숙해 있었다. (considerable)

우리 부모님은 마침내 이혼하셨다. 그들은 이제 완전히 남남이다. (total)

***Type* 1**

현대인들은 어디서나 쉽게 인터넷에 접속한다.
Modern people get easy access to the Internet everywhere.

야당 의원들은 이 정책에 대해 부정적으로 바라본다.
The opposition lawmakers have a negative view of this policy.

한국 영화는 동남아 국가에서 상당히 인기 있다.
Korean films have gained much popularity in Southeast Asian countries.

자세히 조사해 보면 그가 거짓 진술했음을 알 수 있다.
If you take a close look at it, you can see that he has made a false statement.

정확하게 분석한 후 최상의 것을 선택해야만 한다.
You must choose the best one after a precise analysis.

***Type* 2**

그는 목수 연장을 전부 갖추고 있다.
He has a complete set of carpenter's tools.

제니퍼는 하루 종일 TV를 본다.
Jennifer spends the entire day watching TV.

부모는 아이들이 잠재력을 최대한 발휘할 수 있도록 도와주어야 한다.
Parents should help children reach their full potential.

상당히 많은 태국 학생들이 한국 대중 가요에 익숙해 있었다.
A considerable number of Thai students are familiar with K-pop.

우리 부모님은 마침내 이혼하셨다. 그들은 이제 완전히 남남이다
My parents finally got divorced, so they are total strangers now.

원리

영어처럼 명사가 발달한 언어는 **서술적 표현을 위해 전치사가 중요한 역할을 담당**한다. 따라서 동사가 발달한 한국어에서 동사를 이용한 서술적 표현이 대부분이지만 영어에서는 전치사가 "be", "get", "stay" 등의 동사와 함께 쓰이면서 서술적 표현을 주도하는 경우가 많다.

예시

***Type* 1** 상태를 나타내는 서술적 표현이 'be + 전치사(in, on, for, against , off , under 등) + 명사'
턱시도를 **입고 있는** 남자가 바로 내 동생이다. → The man **in** a tuxedo is my brother.

***Type* 2** '- 하는 중이다'처럼 동작의 진행상황이 'be + 전치사(on, in, into, 등) + 명사'로
그는 전화를 **받고 있는 중**이다. → He **is on** the phone.

다시쓰기

***Type* 1** 유권자의 대부분은 **그 법안에 반대다.**

KE Most of the voters objects to the bill. (△)

EE Most of the voters are ____________________.

***Type* 1** 불행히도 그 지원자는 **제 시간에 도착할 수 없었다.**

KE Unfortunately, the applicant could not arrive at the exact time. (△)

EE Unfortunately, the applicant could not be ____________________.

***Type* 2** 젊은 여자들은 대부분이 **다이어트 중**이라고 늘 말한다.

KE Most young women always say that they do a diet. (△)

EE Most young women always say that they are ____________________.

***Type* 2** 일본 대표단과의 협상이 **진행 중이다.**

KE Negotiations with the Japanese delegation are being made. (△)

EE Negotiations with the Japanese delegation are ____________________.

정답: [against the bill], [on time], [on a diet], [in progress]

Type 1

전국적으로 **감기가 기승이다.** (in full swing)

________________________ over the whole nation.

모든 참가자들은 **새로 임명된 회장을 찬성한다.** (for)

All the participants are ________________________.

우리 부모님은 회사를 **그만 두지 말라고** 내게 충고했다. (against)

My parents advised me ________________________.

그 회사가 그 약속을 이행하지 않으면 **계약은 끝이다.** (off)

The company must fulfill the promise or ________________________.

내 옆사리에 앉은 그 남사가 **의심을 받고 있다.** (under suspicion)

The man sitting next to me is ________________________.

정답: [Flu is in full swing], [for the newly appointed president], [against quitting the job], [the deal is off], [under suspicion]

Type 2

지금 우리는 **점심 시간을 갖고 있는 중이다.** (on a break)

Now we are ________________________.

엄밀히 말하면 두 나라는 **전쟁 중이다.** (at war)

The two countries ________________________ with each other.

카세트는 시장에서 **더 이상 팔고 있지않다.** (on the market)

Cassette players ________________________ any more.

우리는 **우리 목표를 향해 착착 나아가고 있다.** (on track)

We are ________________________.

한국 자동차 회사가 일본 회사를 **맹렬히 추격 중이다.** (in pursuit of)

The Korean automobile companies are ________________________ their Japanese counterparts.

정답: [on a lunch break], [are technically at war], [aren't on the market], [on track for our goal], [in hot pursuit of]

구문연습 II

Type 1

봄에는 전국적으로 꽃들이 만개한다. (in full bloom)

모든 국민은 새로 신설된 환경법을 찬성한다. (newly established law)

회사 동료들이 나에게 급하게 결혼하지 말라고 충고했다. (in haste)

그 회사가 당장 대금을 지불하지 않으면 계약은 끝이다. (off)

그 노숙자가 아무 이유 없이 의심을 받고 있다. (for no good reason)

Type 2

그는 커피를 마시며 쉬고 있다. (on a break)

엄밀히 말하면 남한은 북한과 전쟁 중이다. (South Korea)

이 가게는 현재 리모델링 중이다. (renovation)

한국 축구국가대표팀은 금메달을 향해 착착 나아가고 있다. (national soccer team)

중국 통신업체들이 한국 통신업체들을 맹렬히 추격 중 이다. (telecom company/provider)

Type 1

봄에는 전국적으로 꽃들이 만개한다.
In springtime, flowers are in full bloom over the whole country.

모든 국민은 새로 신설된 환경법을 찬성한다.
All the nations are for the newly established environmental law.

회사 동료들이 나에게 급하게 결혼하지 말라고 충고했다.
My co-workers advised me against marrying in haste.

그 회사가 당장 대금을 지불하지 않으면 계약은 끝이다.
The company must pay now or the deal is off.

그 노숙자가 아무 이유 없이 의심을 받고 있다.
The homeless man is under suspicion for no good reason.

Type 2

그는 커피를 마시며 쉬고 있다.
He is on a coffee break.

엄밀히 말하면 남한은 북한과 전쟁 중이다.
South Korea is technically at war with North Korea.

이 가게는 현재 리모델링 중이다.
This shop is currently under renovation.

한국 축구국가대표팀은 금메달을 향해 착착 나아가고 있다.
South Korea's national soccer team is on track for the gold medal.

중국 통신업체들이 한국 통신업체들을 맹렬히 추격 중 이다.
The Chinese telecom companies/providers are in hot pursuit of their Korean counterparts.

원리

부사가 발달한 한국어에서는 언어에 생동감을 주는 의성어와 의태어가 잘 발달해 있으며, 의성어와 의태어는 부사 형태의 독자적 단어로 존재하는 경우가 많다. 영어에서는 이러한 의성어와 의태어 의미가 독자적 단어로 표현되기도 하지만, 다른 단어 특히 **동사 어휘 속에 융합되는** 표현이 많다.

예시

***Type* 1** '의태어 + 동사'가 ' 동사'로
그는 자기 시계를 **흘깃 보았다.** → He **glanced at** his watch.

***Type* 2** '의성어 + 동사'가 '동사'로
그는 문을 **쾅쾅 두드렸다.** → He **pounded** at the door.

다시쓰기

***Type* 1** 그는 창 밖으로 목을 **쑥 내밀고 있었다.**

KE He completely pushed his neck out of the window. (△)

EE **He was ________________ out of windows.**

***Type* 1** 그의 눈에 눈물이 **그렁그렁 맺혔다.**

KE Tears formed in his eyes fully. (△)

EE **Tears ________________ in his eyes.**

***Type* 2** 청중들은 재미있는 공연에 **깔깔 웃었다.**

KE The audiences loudly laughed at the humorous performance. (△)

EE **The audiences ________________ at the humorous performance.**

***Type* 2** 그 환자는 고통으로 **엉엉 울부짖었다.**

KE The patient cried out a lot with pain. (△)

EE **The patient ________________ with pain.**

정답: [craning], [brimmed], [chuckled], [wailed]

Type 1

바람에 마른 나뭇잎들이 **살랑살랑 흔들리고 있다.** (sway)
Withered leaves ______________________.

도마뱀이 혀를 **날름날름 내밀었다.** (flick)
The lizard's tongue ______________________.

축구공 하나가 그들 쪽으로 **데굴데굴 굴러 왔다.** (roll over)
A soccer ball ______________________ them.

연이 나무가지에 **대롱대롱 매달려 있다.** (dangle)
A kite ______________________ the branch.

그 선교사들은 **15 마일을 터벅터벅 걸어갔다.** (trudge)
The missionary workers ______________________.

정답: [are swaying in the wind], [flicked out], [rolled over to], [is dangling from], [trudged 15 miles]

Type 2

개는 특별한 이유없이 **낑낑 거리기도 한다.** (whine)
______________________ for no apparent reason.

나는 국수를 먹을 때 **후루룩 소리를 낸다.** (slurp)
When I eat noodles, I ______________________.

우리 속에 호랑이가 **우리를 보고 으르렁거렸다.** (growl)
The caged tiger ______________________.

유리창이 **바람에 덜컹거렸다.** (rattle)
The window ______________________.

그는 **책상을** 펜으로 **툭툭 쳤다.** (tap on)
He ______________________ with his pen.

정답: [Dogs often whine], [usually slurp them], [growled at us], [rattled with the wind], [tapped on the desk]

구문연습 II

Type 1

바람에 빨래가 살랑살랑 흔들렸다. (washing)

뱀이 혀를 날름날름 내밀었다. (tongue)

공이 내 쪽으로 데굴데굴 굴러 왔다. (ball)

사과 한 알이 가지에 대롱대롱 매달려 있다. (branch)

수천 명의 난민들이 진흙탕 안으로 터벅터벅 걸어간다. (refugee)

Type 2

그는 개처럼 주위를 킁킁 거리면서 냄새를 맡았다. (dog)

한국인들은 라면을 먹을 때 대부분 후루룩 소리를 낸다. (instant noodle)

아침을 굶었더니 그의 배속에서 꼬르륵 소리가 나기 시작했다. (tummy)

뚜껑을 들어 올리자 달그락 소리가 났다. (lid)

누군가 그의 뒤로 살금살금 다가와서는 어깨를 툭 쳤다. (shoulder)

Type 1 바람에 빨래가 살랑살랑 흔들렸다.
The washing was swaying in the wind.

뱀이 혀를 날름날름 내밀었다.
The snake's tongue flicked out.

공이 내 쪽으로 데굴데굴 굴러 왔다.
The ball rolled over to me.

사과 한 알이 가지에 대롱대롱 매달려 있다.
An apple is dangling from the branch.

수천 명의 난민들이 진흙탕 안으로 터벅터벅 걸어간다.
Thousands of refugees trudge in the mud.

Type 2 그는 개처럼 주위를 킁킁 거리면서 냄새를 맡았다.
He sniffed and smelled everything like he was a dog.

한국인들은 라면을 먹을 때 대부분 후루룩 소리를 낸다.
When Koreans eat instant noodles, they usually slurp them.

아침을 굶었더니 그의 배속에서 꼬르륵 소리가 나기 시작했다.
With no breakfast this morning, his tummy started growling.

뚜껑을 들어 올리자 달그락 소리가 났다.
When I lifted the lid, something rattled.

누군가 그의 뒤로 살금살금 다가와서는 어깨를 툭 쳤다.
Someone sneaked up behind him and tapped on his shoulder.

2장

타인 중심의 한국어, 자기 중심의 영어

2-1 주변 ···› 자신 vs. 자신 ···› 주변

원리

타인 중심 문화의 한국어는 전체적이거나 넓은 의미의 배경을 먼저 말하고 자세한 의미나 작은 의미로 축소해가는 경향이 있는 반면, 영어는 자기 중심의 작은 의미를 먼저 말하고 **주변부인 넓은 의미로 확장해 가는 경향이** 있다.

예시

***Type* 1** '영어의 시간적 개념'은 작은 것에서 큰 것으로

내일 8시에 만날까? → Shall we meet **at 8 tomorrow?**

***Type* 2** '영어의 공간적 개념'은 작은 것에서 큰 것으로

저는 **한국대학교 영어과 교수**입니다. 제 이름은 **홍길동**입니다. → My name's **Kil-dong Hong.** I'm a **professor in the English Language Department at Hankook University.**

***Type* 3** '시간, 장소, 방법 (동사)'은 '(동사) 방법, 장소, 시간' 또는 '장소, 방법, 시간' 순으로

우리는 **지난 주 금요일 실험실에서 동료들과** 작업을 하고 있었다. → We were working **with our colleagues in the lab last Friday.**

다시쓰기

***Type* 1** 그 여자는 **2000년 8월 28일** 태어났다.

KE The woman was born on 2000, August, 28. (x)

EE **The woman was born on ______________________.**

***Type* 2** 그는 **부산 해운대구**에서 산다.

KE He lives in Busan city, Haeundae. (x)

EE **He lives in ______________________.**

***Type* 3** 나는 **어렸을 때 여름방학마다** 이곳에서 지냈다.

KE I stayed every summer for one week here at my childhood. (x)

EE **I stayed here ______________________.**

정답: [the 28th of August, 2000], [Haeundae, Busan city], [every summer vacation of my childhood]

구문연습 I

***Type* 1**

나는 **1998년 8월 25일에** 태어났다. (August)

I was born on ______________________.

그 회의는 **오후 6시에** 열릴 예정이다. (schedule)

The meeting ______________________.

정답: [the 25th of August, 1998], [is scheduled to be held at 6 o'clock this afternoon]

***Type* 2**

그 소녀는 **방에 있는 작은 문을** 쳐다보았다. (small door)

The girl looked at ______________________.

나는 **경기도 성남에** 산다. (Songnam-si)

I live in ______________________.

그는 **연세대학교 국문과 4학년**이다. (department)

He is ______________________ at Yonsei University.

구글 그룹의 한국 지사 구글 Korea는 한국 시장의 매출이 급하락할 것으로 발표했다. (Korean unit)

____

announced that its revenue would fall dramatically in Asian markets.

정답: [a small door in the room], [Songnam-si, Gyenggi-do], [a senior of Korean Language and Literature department], [Google Korea, the Korean unit of International Google Corp.]

***Type* 3**

그 여행객들은 **오늘 비행기로** 서울을 뜬다. (by plane)

The tourists are leaving Seoul ______________________.

그 대표단들은 **다음주 월요일** 호텔까지 **버스로** 갈 예정이다. (Monday)

The delegations are going to the hotel ______________________.

나는 **오늘 오후 세 시에 스타벅스에서** 남자친구를 만났다. (afternoon)

I met my boy friend ______________________.

정답: [by plane today], [by bus next Monday], [at a Starbucks coffee shop at 3 o'clock this afternoon]

구문연습 II

***Type* 1**

오늘은 2020년 2월 25일입니다. (February)

나는 오후 7시에 그 남자를 만나기로 했다. (afternoon)

***Type* 2**

그는 방에 있는 작은 창 하나를 물끄러미 쳐다보았다. (look at)

우리 집 주소는 경기도 수원시 매봉동 180번지 입니다. (address)

저는 서울대학교 영문과 4학년 김소라입니다. (department)

인터내셔널 데이터 그룹의 한국 지사 IBO Korea는 아시아 시장의 매출이 급성장할 것으로 발표했다. (International Data Corp.)

***Type* 3**

그녀는 어제 비행기로 서울에 갔다. (by plane)

우리는 내일 행사장까지 버스로 갈 예정이다. (venue)

내일 두 시에 강남 지하철역에서 만나자. (subway station)

구문연습 II 제시 답안

Type 1

오늘은 2020년 2월 25일입니다.

Today is the 25th of February, 2020.

나는 오후 7시에 그 남자를 만나기로 했다.

I am scheduled to meet him at 7 o'clock this afternoon.

Type 2

그는 방에 있는 작은 창 하나를 물끄러미 쳐다보았다.

He looked at a small window in the room.

우리 집 주소는 경기도 수원시 매봉동 180번지 입니다.

My address is 180 Maebong-dong, Suwon-si, Gyeonggi-do.

저는 서울대학교 영문과 4학년 김소라입니다.

I am So-ra Kim, a senior in the English Language and Literature department at Seoul National University.

인터내셔널 데이터 그룹의 한국 지사 IBO Korea는 아시아 시장의 매출이 급성장할 것으로 발표했다.

IBO Korea, the Korean unit of International Data Corp. announced that its revenue would grow rapidly in Asian markets.

Type 3

그녀는 어제 비행기로 서울에 갔다.

She went to Seoul by plane yesterday.

우리는 내일 행사장까지 버스로 갈 예정이다.

We are going to the venue by bus tomorrow.

내일 두 시에 강남 지하철역에서 만나자.

Let's meet at Gangnam Subway Station at 2 o'clock tomorrow.

2-2 청자 중심 vs. 화자 중심

원리

문장 표현 방식에서 한국어는 청자나 대상 중심의 표현이 선호되는 반면 영어는 **화자 중심의 표현이 선호**된다. 이것은 한국어 화자는 자신이 아닌 주변의 더 큰 범위 중심으로 대상을 인식해 나가는 걸 선호하는 반면, 영어는 **말하는 화자 중심으로 주변을 인지하는 방식을 선호**하기 때문이다.

예시

***Type* 1** 문의, 요청, 소망의 표현은 화자 중심의 표현으로
어떻게 오셨어요? (가게에서) → **May I** help you?

***Type* 2** 부정적 질문에 대한 응답의 표현은 화자 중심의 표현으로
식사 안했어요? **아니요,** 먹었습니다. → Didn't you have meal? **Yes,** I did.

다시쓰기

***Type* 1** **내 열쇠가** 어디 갔더라.

KE Where is my key?

EE **Where did I ______________________________?**

***Type* 1** 펜 좀 **빌려 줄래?**

KE Can you lend your pen to me?

EE **Can I ______________________________?**

***Type* 2** 그 책 다 못 읽었니? **응,** 다 못 읽었어.

KE Didn't you finish reading the book? Yes, I didn't. (x)

EE **Didn't you finish reading the book? ______________, I didn't.**

***Type* 2** 그는 절대 돈을 함부로 쓰지않는다. 그렇지? **네,** 함부로 쓰지 않아요.

KE He never wastes money, does he? Yes, he doesn't. (x)

EE **He never wastes money, does he? ______________, he doesn't**

정답: [put my key], [borrow your pen], [No], [No]

참조 질문에 대한 응답의 경우, 한국어는 **청자가 전달받은 내용에** 대한 긍정/부정의 표현에 중점을 둔 반면 영어는 **화자가 전달하는 내용에** 대한 긍정/부정에 중점을 두기 때문

***Type* 1**

운전면허증을 **좀 보여 주시겠어요?** (I)

______________________________ your driver's license?

내 코트가 **어디에 있더라?** (I)

______________________________ my coat?

찬 물 좀 **주세요.** (I)

______________________________ some cold water?

저기요, **좀 비켜 서 주실래요?** (I)

Excuse me. ______________________________.

즐거운 크리스마스 되세요. (wish)

I ______________________________.

정답: [May I have], [Where did I put], [Can I get], [I need some space], [wish you a Merry Christmas]

***Type* 2**

그 소문을 못 들었니? **아니 들었어.** (Yes)

Haven't you heard the rumor? ______________________________.

그 신간을 아직 못 샀니? **아니 샀어.** (Yes)

Haven't you bought the new book yet? ______________________________.

학교 숙제를 결국 못 끝냈구나, 그렇지? **응 못 끝냈어.** (No)

You didn't complete your school assignment, did you? ______________________________.

그 영화를 어제 못 보았구나, 맞지? **아니 봤어.** (No)

You didn't watch the movie yesterday, did you? ______________________________.

정답: [Yes, I have], [Yes, I have], [No, I didn't], [Yes, I did]

구문연습 II

Type 1

신분증을 좀 보여 주시겠어요? (ID card)

내 핸드폰이 어디에 있더라? (mobile phone)

계산서 주세요. (bill)

저기요. 혹시 저를 아세요. (excuse me)

사업에 꼭 성공하세요. (hope)

몸 좀 잘 챙기고 다니세요. (want)

Type 2

그 사실 몰랐어? 아니 알고 있었어. (fact)

어제도 그 게임을 못 했니? 아니 할 수 있었어. (game)

그 임무를 결국 못 끝냈구나, 그렇지? 네 못했어요. (task)

항공권을 못샀구나, 맞지? 아니 샀어. (airline ticket)

참조 다른 사람을 위한 소망, 희망을 표현할 때 사용되는 'wish', 'hope', 'want'는 다른 형태의 문장구조를 갖는다. 주로 'wish'는 4형식 형태의 기원문으로, 'hope'은 3형식 형태로, 'want'는 5형식 형태로 표현된다.

wish: I wish you a pleasant stay here.
hope: I hope you enjoy your stay here.
want: I want you to enjoy your stay here.

Type 1

신분증을 좀 보여 주시겠어요?

May I have your ID card?

내 핸드폰이 어디에 있더라?

Where did I put my mobile phone?

계산서 주세요.

Can I get the bill?

저기요. 혹시 저를 아세요.

Excuse me. Do I know you?

사업에 꼭 성공하세요.

I hope you succeed in your business.

몸 좀 잘 챙기고 다니세요.

I want you to take care of yourself.

Type 2

그 사실 몰랐어? 아니 알고 있었어.

Didn't you know the fact? Yes, I did.

어제도 그 게임을 못 했니? 아니 할 수 있었어.

Weren't you able to play the game yesterday? Yes, I was.

그 임무를 결국 못 끝냈구나, 그렇지? 네 못했어요.

You didn't complete the task, did you? No, I didn't.

항공권을 못샀구나, 맞지? 아니 샀어.

You didn't get the airline ticket, did you? Yes, I did.

2-3 집단 중심 vs. 개인 중심

원리

한국은 집단주의(COLLECTIVISM)가 발달해 온 문화권에 속한 반면, 영어는 **개인주의(INDIVIDUALISM)**가 발달한 문화권의 언어이다. 따라서 한국어는 집단주의적 성격의 표현들이 발달한 반면 **영어는 개인적 성향의 표현들이 두드러지게** 나타난다.

예시

Type 1 '우리'라는 소유격의 표현이 'my'로

우리 엄마는 정원을 가꾸는 것을 좋아하신다. → **My mom** likes gardening.

Type 2 '단체'를 나타내는 표현이 '단체의 구성원'으로

차의 엔진이 고장 났다. 너는 차를 **수리센터에** 보내서 수리하는게 낫겠다. → This car has some engine trouble. You should take it to **the mechanic** and get it fixed.

Type 3 '사람'은 구체적인 '행위자'로

사람들은 그의 새 영화를 기대하고 있다. → **Moviegoers** are looking forward to his new movie.

다시쓰기

Type 1 오늘 그 클럽의 회원들이 **우리 아버지 생신을** 축하하기 위하여 모두 모였다.

KE All of the club members came together to celebrate our father's birthday. (x)

EE **All of the club members came together to celebrate ______________.**

Type 2 **미국은** 한국 자동차에 높은 관세를 부과하였다.

KE The U.S. imposed high tariffs on Korean cars. (△)

EE **______________ imposed high tariffs on Korean cars.**

Type 3 인터넷에 **많은 사람들이** 동시에 접속할 경우 인터넷 접속이 종종 끊긴다.

KE Internet connections are often interrupted when many people go online at the same time. (△)

EE **Internet connections are often interrupted when ______________ go online at the same time.**

정답: [my father's birthday], [The U.S. government], [many users]

구문연습 I

Type 1

우리 아들은 고등학생이다. (son)

______________________ a high school student.

나는 **우리 고장의 특산품에** 대해 좀 더 알고 싶다. (hometown)

I want to know more about ______________________.

정답: [My son is], [my hometown's specialities]

Type 2

과학계에서는 이것이 기후변화를 야기시킬 수 있다고 **경고한다.** (climate change)

______________________ that this can cause climate change.

중국은 **미세먼지를** 세계에서 **두 번째로 많이 배출하는 국가**이다. (emitter)

China is ______________________ in the world.

가능한 빨리 **병원에 가 봐라.** (doctor)

You should ______________________ as soon as possible.

KT는 한국에서 **가장 큰 정보통신업체**이다. (provider)

KT is ______________________ in Korea.

정답: [Scientists warn], [the second lagest fine dust emitter], [see the doctor], [the largest information and telecommunication provider]

Type 3

복고를 주제로 한 책들이 **젊은 사람들에게서** 인기를 얻고 있다. (reader)

Retro-themed books are becoming popular ______________________.

동유럽 사람들은 한국 대중가요를 무척 좋아한다. (audience)

______________________ love Korean pop songs.

이 약은 **여드름으로 고생하는 사람들에게** 도움이 될 것이다. (sufferer)

The medicine will be helpful for ______________________.

정답: [with young readers], [East European audiences], [acne sufferers]

Type 1

우리 남편은 고등학교 교사이다. (husband)

나는 우리나라의 역사에 대해 좀 더 배우고 싶다. (country's history)

Type 2

환경단체들은 남극 대륙의 얼음이 점점 사라지는 것은 큰 문제가 될 것이라고 경고했다. (Antarctica)

중국은 세계에서 가장 많이 쌀을 소비하는 국가이다. (consumer)

넥플렉스는 미국에서 가장 큰 온라인 미디어 제공 기업이다. (media provider)

한국과 중국과의 친밀한 유대관계가 기대된다. (Seoul)

Type 3

이 신상품이 젊은 사람들에게 인기를 얻고 있다. (shopper)

중국인들은 한국 TV 프로그램을 무척 좋아한다. (audience)

이 신약은 불명증을 겪는 사람들에게 도움이 될 것으로 기대된다. (sufferer)

구문연습 II 제시 답안

Type 1

우리 남편은 고등학교 교사이다.
My husband is a high school teacher.

나는 우리나라의 역사에 대해 좀 더 배우고 싶다.
I want to learn more about my country's history.

Type 2

환경단체들은 남극 대륙의 얼음이 점점 사라지는 것은 큰 문제가 될 것이라고 경고했다.
Environmentalists warned that the loss of ice in Antarctica could have serious effects for us.

중국은 세계에서 가장 많이 쌀을 소비하는 국가이다.
China is the biggest consumer of rice in the world.

넥플렉스는 미국에서 가장 큰 온라인 미디어 제공 기업이다.
Netflix is the largest online media provider in the U.S.A.

한국과 중국과의 친밀한 유대관계가 기대된다.
Seoul is expected to have strong ties with Beijing.

Type 3

이 신상품이 젊은 사람들에게 인기를 얻고 있다.
The new product is becoming popular with young shoppers.

중국인들은 한국 TV 프로그램을 무척 좋아한다.
Chinese audiences love Korean TV shows.

이 신약은 불명증을 겪는 사람들에게 도움이 될 것으로 기대된다.
The new medicine is expected to be helpful for insomnia sufferers.

3장

주어가 달라요.

3-1 주어 생략 가능 vs. 주어 필수

3-2 주제 중심 vs. 주어 중심

3-3 생물 주어 vs. 무생물 주어

3-4 목적어 중심 vs. 주어 중심

Real English

3-1 주어 생략가능 vs. 주어 필수

원리

한국어는 문맥상 알 수 있는 주어를 생략하는 경우가 많은 반면, **영어는 주어 생략이 불가능**한 언어이다. 따라서 한국어 문장에서는 생략될 수 있는 주어가 영어 단순 문장(SIMPLE SENTENCE)에서는 반드시 명기되어야 한다(등위 접속의 중문에서는 주어가 선택적임).

예시

***Type* 1** 대화 맥락 속에 생략된 주어는 주어 명시로

배가 고프다. → <u>I</u> am hungry.

***Type* 2** 반복 지칭을 피하기 위한 종속절 주어 생략의 경우는 주어 명시로

도날드 트럼프는 미국의 대통령이 되었으며 대통령으로서 직무를 성실히 하겠다고 선서했다. → Donald Trump took office as U.S. president and **<u>he</u>** pledged to faithfully execute the office of president.

다시쓰기

***Type* 1** 바쁘신 와중에도 자리를 빛내 주신 내빈 **여러분께 감사 드립니다.**

KE (Someone) thanks all you to honor this place due to (one's) busy schedule. (x)

EE ______________ **<u>all for taking the time out of your busy schedule to honor us with your presence.</u>**

***Type* 1** 한도를 어디에 둘 것인가를 스스로에게 **물어봐야 한다.**

KE Where we draw the line should be asked ourselves. (x)

EE ______________ **<u>ourselves where we draw the line.</u>**

***Type* 2** 그는 대표단의 방문 결과에 만족한다고 **전했다.**

KE He said about being satisfied with the results of delegation's trip. (x)

EE ______________ **<u>he was satisfied with the results of the delegation's trip.</u>**

***Type* 2** 시드니대는 1850년 **세워진 이래** 수많은 세계 지도자를 배출했다.

KE Sydney University has cultivated many global leaders since (someone) opened it in 1850. (x)

EE **<u>Sydney University has cultivated many global leaders since</u>** ______________ **<u>in 1850.</u>**

정답: [I would like to thank you], [We should ask], [He said], [it was opened]

구문연습 I

Type 1

도움을 필요로 하는 사람들을 도와 주지는 못할 망정 **못살게 굴어서는 안된다.** (harass)

__________ rather than help the needy.

사냥꾼들로부터 야생동물들을 **보호해야 한다.** (protect)

__________ wild animals from hunters.

용돈을 좀 더 주세요. (pocket money)

Give __________.

내일 내 생일파티에 와주면 **너무 고맙겠다.** (would like to)

__________ for promising to come to my birthday party tomorrow.

내가 영화 보러 가자고 했을 때 **안 간다고** 그랬잖아. (would)

When I asked you to go to the cinema, you said __________.

정답: [You ought not to harass], [We have to protect], [me more pocket money], [I would like to thank you], [you wouldn't go]

Type 2

두 남자가 나에게 왔다. **검은 양복 차림이었다.** (in black)

Two men came to me. __________.

한국 TV는 높은 품질을 자랑한다. 또한 세련된 디자인으로도 **유명하다.** (famous)

Korean TV sets boast high quality. Also, __________
their refined designs.

치매는 두뇌질환이다. 보통 우리의 기억력과 추론 능력을 **심각하게 손상시킨다.** (disorder)

Dementia is a brain illness. __________
memory and reasoning ability.

나는 일본을 갈 때마다, **꼭 일본인 친구를 만난다.** (meet)

Whenever I go to Japan, __________.

정답: [They were dressed in black suits], [the appliances are famous for], [This disorder severely impairs], [I meet up with my Japanese friend]

구문연습 II

Type 1

나는 임무 실행에 실패할 망정 포기하지 않겠다. (mission)

어린 소녀들이 성폭력을 당하지 않도록 보호해야 한다. (sexual assault)

자유가 아니면 죽음을 달라. (liberty)

다음주 금요일에 열릴 집들이에 와주면 너무 고맙겠다. (house warming party)

내가 아까 춤추자고 했을 때 춤 안 춘다고 그랬잖아. (ask)

Type 2

제시카가 교실에 들어왔다. 짧은 원피스 차림이다. (short dress)

SM3는 저렴한 연비와 넓은 차량내부를 자랑한다. 또한 세련된 디자인으로도 유명하다. (refined)

건망증은 기억력 장애이다. 보통 뇌가 무엇인가를 잘 기억해 내지 못해 발생한다. (amnesia)

나는 서울로 올라 갈때마다 꼭 삼촌을 만난다. (visit)

참조 **똑같은 지시대상을 가리키는 경우, 한국어는 단순 반복과 생략이 일반적이지만,**
영어의 경우, **단순반복** 뿐 아니라 **상위어, 동의어, 대명사** 등으로 지시한다. 제2부 1-6 참조

Type 1

나는 임무 실행에 실패할 망정 포기하지 않겠다.

Even if I fail, I won't give up my mission.

어린 소녀들이 성폭력을 당하지 않도록 보호해야 한다.

We should protect young women against sexual assault.

자유가 아니면 죽음을 달라.

Give me liberty or give me death.

다음주 금요일에 열릴 집들이에 와주면 너무 고맙겠다.

I would like to thank you for promising to come to my house warming party next Friday.

내가 아까 춤추자고 했을 때 춤 안 춘다고 그랬잖아.

When I asked you before, you said you wouldn't dance.

Type 2

제시카가 교실에 들어왔다. 짧은 원피스 차림이다.

Jessica came into the classroom. She was in a short dress.

SM3는 저렴한 연비와 넓은 차량내부를 자랑한다. 또한 세련된 디자인으로도 유명하다.

The SM3 cars boast gas mileage and roomy interior. In addition, the compact sedans/the cars/they are famous for their refined design.

건망증은 기억력 장애이다. 보통 뇌가 무엇인가를 잘 기억해 내지 못해 발생한다.

Amnesia is a memory problem. The disorder is developed when the brain has difficulty remembering things.

나는 서울로 올라 갈때마다 꼭 삼촌을 만난다.

Whenever I go to Seoul, I visit my uncle.

3-2 주제 중심 vs. 주어 중심

원리

한국어는 문장의 맨 앞에 주로 주제(TOPIC)를 두는 언어인 반면, 영어는 주어가 문장의 맨 앞에 오는 언어이다. **주제를 문장 앞에 두에 두는 한국어**에서는 "은/는", "이/가" 와 같은 이중 주어 형태의 구문이 잘 발달되어 있다. 반면 **주어 중심 언어인 영어**는 주어+동사+목적어/보어의 구조를 강조하는 언어로서 주어에 의해 동사가 선택되고 제한된다.

예시

***Type* 1** Topic을 의미하는 이중 주어는 'As for/ regarding/ among 명사, 주어 + 동사' 구문으로

생선은 도미가 맛있다. → **Among fish, red snapper** is delicious.

***Type* 2** 전체와 부분을 나타내는 이중 주어는 '주어 + 동사 + …' 구문으로

노인들 대부분이 이가 안좋다. → **Most of the elderly** have bad teeth.

***Type* 3** 장소나 시간을 포함하는 이중 주어는 '주어 + 동사 + …' 구문으로

한국은 지난 10년간 **연예사업이** 발달되었다. → **Korea** has enjoyed a considerable growth in **the entertainment industry.**

다시쓰기

***Type* 1** **딸기는** 한국산이 최고로 당도가 높다.

KE The Korean variety of strawberries has a high sugar content. (△)

EE ______________________**, the Korean variety has a high sugar content.**

***Type* 2** **이 꽃은** 향이 좋다.

KE The fragrance of this flower is good. (△)

EE ______________________ **has a good fragrance.**

***Type* 3** **작년에는** 눈이 자주 많이 내렸다.

KE Last year it often snowed a lot. (△)

EE ______________________ **often had heavy snow.**

정답: [As for strawberries], [This flower], [Last year]

구문연습 I

***Type* 1**

라면은 한국 라면이 맛있다. (as for)

____________________, Korean ramen brands boast the best taste.

품질은 이 제품이 그것보다 더 좋지. (as for)

____________________, this product is better than that.

올리브 오일은 프랑스산이 최고다. (among)

____________________, French ones are the best.

정답: **[As for ramen], [As for quality], [Among olive oil brands]**

***Type* 2**

이 호텔은 **중식당이 유명하다.** (Chinese restaurant)

The hotel is ____________________.

미숙은 미라의 언니다. 하지만 **미숙은 외모가** 미라와 **다르다.** (appearance)

Mi-suk is Mira's sister. But ____________________ from Mira's.

하마는 입이 크다. (hippo)

____________________ a big mouth.

정답: **[famous for its Chinese restaurant], [her appearance is different], [Hippos have]**

***Type* 3**

1990년대에는 미래에 대한 큰 희망이 **있었다.** (witness)

____________________ great hopes for the future.

2020년 지구촌은 **4차산업혁명이 불어 닥친다.** (the 4th industrial revolution)

In 2020, our global village ____________________.

상반기는 **경제 전망이 낙관적이다.** (bullish outlook)

The first half ____________________.

한국은 **영화산업이 발달하였다.** (film industry)

Korea ____________________.

정답: **[The 1990s witnessed], [is having the 4th industrial revolution], [sees a bullish economic outlook], [has a well-developed film industry]**

구문연습 II

Type 1

라면은 농심이 맛있다. (taste)

향기는 장미가 그 향수보다 더 좋지. (as for)

SUV는 QM 6가 최고다. (best)

Type 2

이 가구 판매 회사는 어린이용 소파가 유명하다. (furniture retailer)

존과 탐은 쌍둥이다. 하지만 존은 성격이 탐과 다르다. (character)

그 야자수는 잎이 크다. (palm)

Type 3

20세기에는 우주 형성에 대한 많은 신화가 있었다. (many myths)

1997년에 한국은 경제공항이 불어 닥쳤다. (financial crisis)

이번 분기는 판매 실적이 저조하다. (sluggish sales)

한국은 정보통신분야가 발달하였다. (information and technology industry)

Type 1

라면은 농심이 맛있다.
Among Korean ramen brands, Nongshim boasts the best taste.

향기는 장미가 그 향수보다 더 좋지.
As for fragrances, roses are better than the perfume.

SUV는 QM 6가 최고다.
As for SUVs, QM 6 is the best car.

Type 2

이 기구 판매 회사는 어린이용 소파가 유명하다.
The furniture retailer is famous for its sofa made for children.

존과 탐은 쌍둥이다. 하지만 존은 성격이 탐과 다르다.
John is Tom's twin brother. But his character is different from Tom's.

그 야자수는 잎이 크다.
The palm tree has large leaves.

Type 3

20세기에는 우주 형성에 대한 많은 신화가 있었다.
The 20th century saw the creation of many myths about where the Universe came from.

1997에 한국은 경제공항이 불어 닥쳤다.
In the year 1997, Korea suffered a financial crisis.

이번 분기는 판매 실적이 저조하다.
The quarter saw sluggish sales/In this quarter sales are sluggish.

한국은 정보통신분야가 발달하였다.
Korea has a well- developed information and technology industry.

3-3 유생물 주어 vs. 무생물 주어

원리

한국어는 사람이나 동물 등을 지칭하는 유생물주어를 선호한다. 반면 영어는 행위주체인 사람과 동물은 **물론이고 행위 객체인 무생물이나 추상적인 내용을 지칭하는 명사구를 주어로** 사용한다. 따라서 한국어 문장의 문두 부사가 영어 문장에서 주어로 올 때 자연스럽다.

예시

***Type* 1** 이유나 원인을 나타내는 부사절 또는 구 안의 무생물 명사를 주절의 주어로

그 마라토너는 몸이 아파서 속도를 늦출 수 밖에 없다. → **Illness** is forcing the marathoner to slow down.

***Type* 2** 출처나 근거를 나타내는 부사구의 출처 표현을 주어로

그 연구 결과에 따르면, 한국 사회는 자본지상주의가 만연하다. → **The research result shows** that the Korean society is money-centered.

다시쓰기

***Type* 1** **기후변화로** 다양한 동물들이 위험에 처해있다.

KE Due to climate change, many animals are in danger. (△)

EE ______________________ **many animals.**

***Type* 1** **그 소식 때문에** 화가 난다.

KE Because of the news, I get angry. (△)

EE ______________________ **me angry.**

***Type* 2** **우리는 그 사실을 통해** 한반도가 두 개의 분단 국가임을 깨달았다.

KE We realize through this fact that the Korean peninsula is two separated countries. (△)

EE ______________________ **that the Korean peninsula is divided into two independent countries.**

***Type* 2** **그 사진을 보니** 엄마가 **생각난다.**

KE When I saw the photo, I think of my mom. (△)

EE ______________________ **me of my mom.**

정답: [Climate change endangers], [The news makes], [This fact tells us], [That photo reminds]

Type 1

그 사건을 겪고 나서 나는 개인 트레이너와 운동을 시작했다. (cause)

________________ to start exercising with a personal trainer.

이 그림을 보면 기분이 차분해 진다. (make)

________________ calm.

머리가 아파서 밤새 한 숨도 못 잤다. (keep)

________________ awake all night.

빙판길 때문에 종종 차 사고가 **난다.** (lead to)

________________ car accidents.

이번 지진으로 수 많은 건물이 **무너졌다.** (flatten)

________________ many buildings.

정답: [The accident caused me], [This picture makes me], [Headaches kept me], [Icy roads often lead to], [This earthquake flattened]

Type 2

다양한 분석 결과를 통해서 카라데는 태권도와 공통점이 많다는 사실을 파악했다. (show)

________________ karate has many features in common with taekwondo.

그 백과사전에 따르면 호모 사피엔스는 라틴어로 현명한 사람을 의미한다. (say)

________________ homo sapiens means 'wise man' in Latin.

난 **그 영화에** 매우 감동받았다. (touch)

________________ me.

그린피스에 따르면 음식물쓰레기가 그 문제가 생긴 근본적인 원인이다. (say)

________________ food waste is the source of the problem.

최근 발표된 경기지표들에 따르면 글로벌경기호황으로 국내 소비가 회복되었다. (show)

________________ the global financial boom has helped consumer demand in the domestic market to recover.

정답: [Many analyses show that], [The encyclopedia says that], [That movie really touched], [Greenpeace says that], [Recently released business indicators show that]

***Type* 1**

그 일을 겪고 나서 지난 삶을 돌아보기 시작했다. (cause)

이 음악을 들으면 기분이 좋아진다. (make)

이가 아파서 밤새 한 숨도 못 잤다. (keep)

그의 부주의한 운전 때문에 차 사고가 났다. (cause)

이번 태풍으로 수 많은 가옥과 건물이 무너졌다. (flatten)

***Type* 2**

다양한 연구를 통해서 한국어와 일본어가 공통점이 많다는 사실을 파악했다. (show)

그 뉴스에 따르면 중국정부는 비트코인 거래를 불법으로 규정하였다. (say)

난 그 소설에 매우 감동받았다. (touch)

그 여성단체에 따르면, 여성들의 정치 참여가 여성 자신들을 강하게 만들 것이라고 한다. (say)

최근 발표된 경제 자료들에 따르면 글로벌경기침체로 국내 소비가 감소했다. (show)

Type 1

그 일을 겪고 나서 지난 삶을 돌아보기 시작했다.

The incident caused me to reflect on my past life.

이 음악을 들으면 기분이 좋아진다.

This music makes me happy.

이가 아파서 밤새 한 숨도 못 잤다.

A toothache kept me awake all night.

그의 부주의한 운전 때문에 차 사고가 났다.

His careless driving caused the car accident.

이번 태풍으로 수 많은 가옥과 건물이 무너졌다.

This typhoon flattened lots of homes and buildings.

Type 2

다양한 연구에 따르면 한국어는 일본어와 공통점이 많다.

Many studies show that the Korean language has a lot of features in common with Japanese.

그 뉴스에 따르면 중국정부는 비트코인 거래를 불법으로 규정하였다.

The news says that the Chinese government has essentially made Bitcoin transactions illegal.

난 그 소설에 매우 감동받았다.

The novel really touched me.

그 여성 단체에 따르면, 여성들의 정치 참여가 여성 자신들을 강하게 만들 것이라고 한다.

The women's group says that a strong voice in politics will empower women.

최근 발표된 경제 자료들에 따르면 글로벌경기침체로 국내 소비가 감소했다.

Recently released economic data show that the global financial crisis has decreased consumer demand in the domestic market.

3-4 목적어 중심 vs. 주어 중심

원리

영어처럼 주어 중심 언어에서 나타나는 특징은 상황 묘사 표현에서도 적용된다. 한국어는 상황을 묘사하는 경우 능동적인 '목적어 + 술어'의 형태로 서술하는 반면에 영어는 수동적으로 **'(의미상) 주어 + 술어'**의 형태로 서술하는 경우들이 있으니 유의할 필요가 있다.

예시

Type 1 동시동작을 나타내는 표현의 '목적어'가 부사구안에서 '의미상 주어'로
눈을 감은 채 그 단어를 말해 보라. → Say the word with your eyes closed.

Type 2 '당하다', '시키다'와 같은 표현의 '목적어'가 '목적보어'의 '의미상 주어'로
아버지가 드디어 자전거를 수리했다. → My father had his bicycle repaired.

다시쓰기

Type 1 영희는 **머리카락을 날리면서** 자전거를 타고 있다.

KE She is riding a bicycle, with waving her hair. (x)

EE She is riding a bicycle, with ______________________.

Type 1 그 고객은 **다리를 꼬고** 몇 시간 째 가만히 앉아 있었다.

KE The client has sat still with crossing her legs for hours. (x)

EE The client sat still with ______________________ for hours.

Type 2 그 부자는 큰 돈을 **도둑 맞았다.**

KE The rich man had stealing the big fortune. (x)

EE The rich man ______________________.

Type 2 나는 어제 취업 인터뷰를 위해 **머리를 잘랐다.**

KE I had cut my hair for my job interview yesterday. (x)

EE I ______________________ for my job interview yesterday.

정답: [her hair waving], [her legs crossed], [had his big fortune stolen], [had my hair cut]

***Type* 1**

나는 종종 **눈물을 펑펑 흘리면서** 영화를 본다. (stream down)

I often watch a movie ________________________________.

내 여자 친구는 **다리를 꼬고** 나를 기다리고 있다. (cross)

My girl friend is waiting for me ________________________________.

나는 **잡지를 테이블에 펼쳐 놓은 채** 밥을 먹곤 했었다. (lay)

I used to have a meal ________________________________.

그 이방인은 **양손을 꽉 쥔 채** 서 있다. (clasp)

The stranger stands ________________________________.

그 어린 소녀는 **양손으로 턱을 괴고** 창밖을 바라보고 있다. (resting)

The young girl is looking out of the window ________________________________.

정답: [with tears streaming down my face], [with her legs crossed], [with a magazine laid on the table], [with his hands clasped], [with her chin resting on her hands]

***Type* 2**

나는 드디어 **고장 난 냉장고를 수리했다.** (repair)

I ________________________________ at last.

마크는 **지난밤 자전거를 도난당한 후** 바로 경찰에 신고했다. (steal)

Mark reported to the police just after ________________________________.

우리는 다음주 월요일에 **택배를** 받게 될 것이다. (deliver)

We will get ________________________________ next Monday.

그가 국보 1호인 숭례문을 **복원했다.** (restore)

He got Korea's National Treasure Number 1 Sungnyemun ________________________________.

지원자들은 **그 임무 모두를** 성공적으로 **마쳤다.** (do)

The applicants ________________________________ well.

정답: [had the refrigerator repaired], [having his bicycle stolen], [the package delivered], [restored], [had all of their tasks done]

***Type* 1**

엄마는 눈물을 펑펑 흘리면서 TV연속극을 보고 있다. (stream down)

선생님은 팔짱을 낀 채 나를 기다리고 있다. (fold)

나는 책을 책상에 펼쳐 놓은 채 잠이 들었다. (lay)

그 범죄자는 양 주먹을 꽉 진 채 나를 노려봤다. (clench)

회사원들의 상당수가 다리를 꼰 채로 업무를 본다. (leg crossed)

***Type* 2**

아버지는 드디어 고장 난 차를 수리했다. (repair)

그는 가방을 도난당 한 후 바로 경찰에 신고했다. (steal)

그 물건 구매자들은 다음주에 상품을 받게 될 것이다. (deliver)

당신은 정말 저 낡은 그림을 복원할 수 있나요? (restore)

그는 그 작업 모두가 성공적으로 행해질 수 있도록 시켰다. (do)

참조 **'시키다', '당하다'의 의미로 사용되는 'have'와 'get'은 목적어(대상) 중심의 표현을 만들고자 할 때는 같은 형태로 쓰이나 행위자 중심의 표현을 만들 때는 다른 형태로 사용됨을 유의해야 한다.**

I had him repair the bike = I got him **<u>to</u>** repair the bike. (행위자를 지정할 때)

I had the bike repaired = I got the bike repaired. (행위자를 지정하지 않고 수리소에 맡길 때)

구문연습 II 제시 답안

Type 1

엄마는 눈물을 펑펑 흘리면서 TV 연속극을 보고 있다.

My mom is watching a TV drama with tears streaming down her face.

선생님은 팔짱을 낀 채 나를 기다리고 있다.

My teacher is waiting for me with his arms folded.

나는 책을 책상에 펼쳐 놓은 채 잠이 들었다.

I fell asleep with the book laid on the desk.

그 범죄자는 양 주먹을 꽉 진 채 나를 노려봤다.

The criminal glared at me with both of his fists clenched.

회사원들의 상당수가 다리를 꼰 채로 업무를 본다.

Many office workers work with their legs crossed.

Type 2

아버지는 드디어 고장 난 차를 수리했다.

My dad had his car repaired at last.

그는 가방을 도난당 한 후 바로 경찰에 신고했다.

He reported it to the police just after having his bag stolen.

그 물건 구매자들은 다음주에 상품을 받게 될 것이다.

The shopper will get the package delivered next week.

당신은 정말 저 낡은 그림을 복원할 수 있나요?

Can you really get the old painting restored?

그는 그 작업 모두가 성공적으로 행해질 수 있도록 시켰다.

He had all of the tasks done well.

4장
서술어가 달라요.

Real English

4-1 유동적 시제 vs. 체계적 시제(단순시제)

원리

'시제'란 사건이나 상태를 시간의 일직선상에서 위치시키는 문법적 장치이다. 한국어는 시제 체제가 유연하여 과거, 현재, 미래, 진행, 완료 등의 형태가 동일한 경우가 많으며, 시간을 나타내는 부사로 구별하는 경우가 흔하다. 반면 **영어는 시제가 엄격히 구별되는 체계**를 갖추고 있어 과거, 현재, 미래, 진행, 완료 등의 형태가 모두 구별된다.

예시

Type **1** 과거 시제 형태가 맥락에 따라 현재 시제로, 현재 시제 형태가 미래 시제로
나는 감기에 **걸렸다.** → I **have** a cold.

Type **2** 동작의미보다는 정황적 의미의 '하고 있다'는 현재 단순 시제로
선생님은 새로운 안경을 **쓰고 계신다.** → My teacher **is in** new glasses

다시쓰기

Type **1** 나는 오늘 **빨간색 셔츠를 입었다.**

KE Today I wore a red shirt. (x)

EE **Today I ______________________.**

Type **1** 이번주 토요일에 **서울에 간다.**

KE I go to Seoul this Saturday. (△)

EE **I ______________________ this Saturday.**

Type **2** 그는 은행에 **근무하고 있다.**

KE He is working in a bank. (x)

EE **He ______________________ in a bank.**

Type **2** 언니는 새빨간 코트를 **입고 있다.** (정황적 의미)

KE My sister is wearing a red coat. (△)

EE **My sister ______________________ a red coat.**

정답: [wear a red shirt], [am going to Seoul], [works], [is in]

구문연습 I

***Type* 1**

내 상사는 오늘 **검은색 넥타이를 맸다**. (wear)

My boss ______________________________ today.

케이트는 오늘 **독특한 팔찌를 찼다.** (wear)

Kate ______________________________ today.

드디어 우리는 내일 **스웨덴으로 간다**. (go)

Finally, we ______________________________ tomorrow.

한국팀은 다음 금요일 일본과 **마지막 시합을 갖는다.** (have)

The Korean team ______________________________ with the Japanese next Friday.

그 보고서에는 작년 민간 소비가 급격이 악화되었다고 **적혀 있었다.** (say)

______________________________ private consumption dropped last year.

정답: [wears a black neck-tie], [wears a unique bracelet], [are going to Sweden], [will have the final match], [The report says that]

***Type* 2**

이 학교의 졸업생 상당수가 한국의 최고 기업인 삼성에 **다니고 있다.** (work)

______________________________ Samsung, a leading Korean enterprise.

우리 부모님들은 **한복을 입고 있다.** (be in)

My parents ______________________________.

그 영화에 대한 평이 이번주 **잡지에 실려 있다.** (be in)

The review of the film ______________________________.

그 소문이 모든 **사람들의 입에 오르내리고 있다.** (on everyone's tongue)

The rumor ______________________________.

많은 지역 주민들이 관광객을 자신의 가족처럼 **대하고 있다.** (treat)

______________________________ like their family members.

정답: [Lots of alumni of the school work for], [are in Korean costumes], [is in this week's magazine], [is on everyone's tongue], [Many locals treat tourists]

구문연습 II

***Type* 1**

나는 오늘 빨간색 넥타이를 했다. (wear)

우리 선생님은 오늘 예쁜 진주 목걸이를 하셨다. (wear)

드디어 나는 내일 그와 데이트를 한다. (확정된 미래: go out)

우리는 다음주 마지막 시험을 친다. (확정된 미래: take)

그 보고서에는 작년 경기가 급격이 악화되었다고 적혀 있었다. (show)

***Type* 2**

내 남자 친구는 증권회사에 다니고 있다. (work)

그 회사의 직원들은 모두 정장을 입고 있다. (be in)

그 책에 대한 논평이 오늘 신문에 실려 있다. (be in)

우리 아들은 회사를 그만두고 새로운 직장을 구하기 전에 잠깐 쉬고 있다. (between jobs)

많은 사람들이 애완동물을 자신의 가족처럼 대하고 있다. (treat)

참조 **영어의 가까운 미래는 'be+ V ing', 'be about to', 'be going to' 등**

이번 일요일에 내 생일 파티를 할 것이다.

→ I am having a birthday party this Sunday. (이미 계획되고 실현을 앞두고 있는 경우)

→ I am going to have a birthday party this Sunday. (하기로 결심한 경우)

→ I am about to have a birthday party this Sunday. (실현이 코 앞에 닥친 경우)

Type 1

나는 오늘 빨간색 넥타이를 했다.
I wear a red neck-tie today.

우리 선생님은 오늘 예쁜 진주 목걸이를 하셨다.
My teacher wears a beautiful pearl necklace today.

드디어 나는 내일 그와 데이트를 한다.
Finally, I am going out with him tomorrow.

우리는 다음주 마지막 시험을 친다.
We are taking final test next week.

그 보고서에는 작년 경기가 급격이 악화되었다고 적혀 있었다.
The report shows that the economic conditions worsened last year.

Type 2

내 남자 친구는 증권회사에 다니고 있다.
My boyfriend works for a stocks and bonds company.

그 회사의 직원들은 모두 정장을 입고 있다.
The company employees are in business suits.

그 책에 대한 논평이 오늘 신문에 실려 있다.
The review of the book is in today's paper.

우리 아들은 회사를 그만두고 새로운 직장을 구하기 전에 잠깐 쉬고 있다.
My son is between jobs.

많은 사람들이 애완동물을 자신의 가족처럼 대하고 있다.
Many people treat their pets like they are family members.

4-2 완료시제 無 vs. 완료시제 有

원리

한국어는 과거와 현재를 분리시켜 표현하는 단순시제만 존재하지만, 영어는 **과거와 현재를 분리하는 시제 뿐만 아니라 과거와 현재를 연결시키는 완료(PERFECT) 시제**를 갖기 때문에, 한국어 시간관계를 유의하여 영어로 표현할 필요가 있다.

예시

***Type* 1** 완료나 결과를 나타내는 과거 시제 형태는 완료시제로

존이 이미 집에 **갔지,** 그렇지? → John **has gone** home, hasn't he?

***Type* 2** 경험이나 계속되는 상황을 나타내는 과거 시제 형태는 완료시제로

벌써 그것을 **봤어요**? → **Have you seen** it?

다시쓰기

***Type* 1** 그 회계사는 장부정리를 **마쳤다.**

KE The accountant finished the account adjustment. (x)

EE **The accountant __________ the account adjustment.**

***Type* 1** 주간지 편집자 **구했어요?**

KE Did you hire an editor for the weekly magazine? (x)

EE **__________ an editor for the weekly magazine yet?**

***Type* 2** 그는 유럽에 **가 본적이 없다.**

KE He didn't go to Europe. (x)

EE **He __________ to European countries.**

***Type* 2** **우리 남편은** 단 한번도 내가 해달라는 대로 **해 준 적이 없다.**

KE My husband didn't do what I asked not once. (x)

EE **Not once __________ as I have asked.**

정답: [has finished], [Have you hired], [has never been], [has my husband done]

참조 부정적 의미의 부사표현을 강조하기 위한 **도치** 구문 제 2부 7-2 참조

그들은 제 시간에 **온 적이 한번도 없다.** → **Seldom have they been** on time.

구문연습 I

Type 1

드디어 LG 전자도 신기술 개발 **레이스에 합류했다.** (join)

Finally, LG Electronics ______________ for new technological development.

나는 아버지가 내게 남기신 **그 모자를 잃어버렸다.** (lose)

I ______________ left to me by my father.

올해 우기가 **벌써 시작되었다.** (start)

The rainy season for this year ______________.

내가 집에 도착했을 때 **엄마는 나가시고 없었다.** (go out)

When I got home, ______________.

결국 그 외국인 용병선수는 **한국을 떠나 버렸다.** (leave)

The foreign import ______________.

정답: [has joined the race], [have lost the hat], [has already started], [my mom had gone out], [has finally left Korea]

Type 2

지금까지 **신문을 거의 읽지 않았다.** (read)

I ______________ until now.

내 동생은 여러 번 **캐나다에 가본적이 있다.** (be)

My brother ______________ several times.

한국야구팀은 지난 5회 연속 **올림픽에 진출했다.** (go)

The Korean baseball team ______________ for five consecutive times.

그들이 제주도를 떠나려고 결심했을 때 **그곳에서 20년째 살고 있었다.** (live)

They ______________ for twenty years when they decided to leave Jeju Island.

그는 2018년부터 지금까지 프랑스의 내무부 장관을 **지냈다.** (serve)

Since 2018, he ______________ France's interior minister.

정답: [have hardly read newspapers], [has been to Canada], [has gone to the Olympic games], [had been living there], [has served as]

구문연습 II

Type 1

내 남자친구는 군대 갔다. (현재 군 복무 중) (join)

나는 단짝 친구가 준 시계를 잃어 버렸다. (lose)

장마철이 벌써 시작되었다. (start)

내가 깼을 때 그 분은 밖에 나가시고 없었다. (go out)

결국 아버지는 요르단으로 떠나 버리셨다. (go)

Type 2

지금까지 책을 거의 읽지 않았다. (read)

나는 워킹홀리데이를 위해 뉴질랜드에 두 번 가본 적이 있다. (be)

한국여자축구팀은 지금까지 월드컵 본선에 진출한 적이 없다. (go)

그들은 자신들의 아버지가 돌아 가셨을 때 그곳에서 10년째 살고 있었다. (live)

강장관은 2018년부터 지금까지 한국의 외무부 장관을 지냈다. (serve)

구문연습 II 제시 답안

Type 1

내 남자친구는 군대 갔다. (현재 군 복무 중)
My boy friend has joined the army.

나는 단짝 친구가 준 시계를 잃어 버렸다.
I have lost the watch that my best friend gave to me.

장마철이 벌써 시작되었다.
The rainy season for this year has already started.

내가 깼을 때 그 분은 밖에 나가시고 없었다.
When I woke up, he had gone out.

결국 아버지는 요르단으로 떠나 버리셨다.
My dad has finally gone to Jordan.

Type 2

지금까지 책을 거의 읽지 않았다.
I have read few books until now.

나는 워킹홀리데이를 위해 뉴질랜드에 두 번 가본 적이 있다.
I have been to New Zealand twice for working holidays.

한국여자축구팀은 지금까지 월드컵 본선에 진출한 적이 없다.
The Korea women's football team has never gone to the World Cup final.

그들은 자신들의 아버지가 돌아 가셨을 때 그곳에서 10년째 살고 있었다.
They had been living there for ten years when their father died.

강장관은 2018년부터 지금까지 한국의 외무부 장관을 지냈다.
Since 2018, Minister Kang has served as South Korea's foreign minister.

원리

한국어는 행위자 중심의 능동태 문장 구성이 전형적인 반면, 영어는 관점(EMPATHY) 혹은 문장초점을 **어디에 두느냐에 따라 그 문장의 태(VOICE)가 결정된다.** 또한 한국어는 행위자가 직접 무엇인가를 하든 남을 시켜서 하든 같은 표현을 사용하면서 부사어구를 첨가하여 그 행위를 구분한다. 반면 영어는 **자신이 직접 하는 일과 남을 시켜 하는 일을 구분하기 위해 능동태와 수동태를 구별하여 사용**한다.

예시

***Type* 1** 행위에 영향을 받는 대상에 초점을 두는 경우는 'be + p.p.'

대통령 세 명이 **그 조약에** 서명했다. → **The treaty** was signed by three presidents.

cf. **Three presidents** signed the treaty. (행위주체에 초점)

***Type* 2** 다른 사람에 의해 일이 행해지는 경우는 'have + O. + p.p.'로

나는 어제야 **바지 다림질을 했다.** → I **had the pants ironed** just yesterday.

cf. 나는 어제야 **바지 다림질을 직접 했다.** → I **ironed the pants** just yesterday.

다시쓰기

***Type* 1** 사람들이 **쳐다보는** 시선을 참을 수 없다.

KE I can't stand people stared at me. (△)

EE **I can't stand ______________________.**

***Type* 1** 시장님이 편지를 **받았다.**

KE The mayor received a letter. (△)

EE **The mayor ______________________ a letter.**

***Type* 2** 드디어 나는 미용실에서 **머리를 깎았다.**

KE Finally I have cut my hair at a beauty salon. (△)

EE **Finally I ______________________ at a beauty salon.**

정답: [being stared at], [was written], [have had my hair cut]

구문연습 I

Type 1

그는 자신이 **수집한 자료들을** 분류했다. (collect)

He classified ______________________.

그 학생은 국제 로터리 클럽에서 **장학금을 받았다.** (award)

The student ______________________ by the Rotary International.

사람들이 그 난민들을 동물원의 원숭이처럼 **쳐다본다.** (look at)

The refugees ______________________ like monkeys in a zoo.

다음의 문제들은 **yes 또는 no로 답 하시오.** (answer)

Each question can ______________________.

그 살인사건은 최근에 KBS TV 시사 다큐멘터리 프로그램이 **자세히 다루었다.** (report)

____

in a recent issue of the KBS'sTV current affairs documentary show.

정답: [the collected data], [has been awarded a scholarship], [are looked at], [be answered with yes or no], [Details of the murder case were reported]

Type 2

그가 드디어 **고장 난 TV를 고쳤다.** (fix)

Finally, he ______________________.

조직위는 다음주 있을 경기를 위해서 **경기장 4곳을 수리해야 한다.** (repair)

The organizing committee should ______________________ for next week's games.

그 반 학생들 상당수가 어제 **교과서를 도난 당했다.** (steal)

Many of the students in the class ______________________ yesterday.

암환자들은 매 달 병원 가서 **검사를 받아야 한다.** (examine)

Cancer patients should ______________________ by a doctor every month.

그 시스템을 매달 **검사 받고 있습니까?** (check)

Do you ______________________ every month?

정답: [has had the TV fixed], [have four stadiums repaired], [had their textbooks stolen], [have themselves examined], [have the system checked]

구문연습 II

Type 1

그는 자신이 맡은 임무를 다 한다. (give)

그녀는 부산대학교에서 공부하도록 장학금을 받았다. (award)

사람들이 우리를 동물원의 원숭이처럼 쳐다본다. (look at)

다음의 문제에 대해 4개의 보기 중 하나를 골라 답 하시오. (answer)

그 사건은 최근에 뉴욕타임지가 자세히 다루었다. (report)

Type 2

아버지가 드디어 차를 고치셨다. (repair)

나는 다음주 대회에 나가기 위해서는 나의 고장난 자전거를 고쳐야 한다. (fix)

그 여행객의 상당수가 어제 가방을 도난 당했다. (steal)

병원 가서 검사를 한번 해 보는 것이 좋을 것이다. (examine)

카센터에서 차 엔진을 검사해 보는 것이 어때? (check)

참조 **행위주체자가 직접 행위를 하는 경우는 능동태의 형태를 갖는다.**

차를 열어 엔진을 **직접 체크해 보는 것은** 어때?

→ How about **checking** the engine under the hood of the car?

구문연습 II 제시 답안

***Type* 1**

그는 자신이 맡은 임무를 다 한다.
He fulfills the tasks given to him.

그녀는 부산대학교에서 공부하도록 장학금을 받았다.
She's been awarded a scholarship to study at PNU.

사람들이 우리를 동물원의 원숭이처럼 쳐다본다.
We are looked at like a monkey in a zoo.

다음의 문제에 대해 4개의 보기 중 하나를 골라 답 하시오.
Each question can be answered with one of four choices.

그 사건은 최근에 뉴욕타임지가 자세히 다루었다.
Details of the accident were reported in a recent issue of the New York Times.

***Type* 2**

아버지가 드디어 차를 고치셨다.
Finally, my dad has had his car repaired.

나는 다음주 대회에 나가기 위해서는 나의 고장난 자전거를 고쳐야 한다.
I should have my broken bike fixed for next week's bike racing.

그 여행객의 상당수가 어제 가방을 도난 당했다.
Many of the tourists had their bags stolen yesterday.

병원 가서 검사를 한번 해 보는 것이 좋을 것이다.
You should have yourself examined by a doctor.

카센터에서 차 엔진을 검사해 보는 것이 어때?
How about having your car engine checked at a repair shop.

4-4 피동화 vs. 능동화

원리

한국어 문장의 의미를 영어로 옮기는 과정에서 과잉수동화가 종종 발생한다. 자동사와 타동사가 모두 가능한 영어 동사의 경우 **타동사의 수동화 형태**가 아닌 **자동사 그 자체**로 표현해야 하는 경우에 유의해야 한다.

예시

***Type* 1** 한국어의 '지', '이'와 같은 피동형 어미의 일부는 자동사 표현으로

그 배가 천천히 **사라졌다.** → The ship **disappeared** slowly.

***Type* 2** 신체의 일부나 소지품처럼 일부분이 주어가 되는 경우는 소유 주체를 주어로

내 가방이 **안보인다.** → I **can't find** my bag.

다시쓰기

***Type* 1** 이번 학기는 9월 10일에 **시작된다.**

KE This term is begun on September 10. (x)

EE **This term ________________ on September 10.**

***Type* 1** 그 배가 천천히 **가라앉았다.**

KE The ship was sunk slowly. (x)

EE **The ship ________________.**

***Type* 2** 감기 때문에 **목이 잠겼다.**

KE Because of a cold, my voice was sank. (x)

EE **I ________________ because of a cold.**

***Type* 2** 스노우보딩을 하다 **다리가 부러질 수 있다.**

KE Your legs can be broken while snowboarding. (△)

EE **You can ________________ while snowboarding.**

정답: [begins], [sank slowly], [lost my voice], [break your legs]

구문연습 I

Type 1

그의 **건강이 좋아지고 있어** 다행이다. (improve)

I am so glad that ______________________.

그 취업 박람회는 **다음주 열린다.** (open)

The job fair will ______________________.

3월에는 새로운 학기가 **시작된다.** (begin)

A new semester ______________________.

누구나 사랑하는 사람들과 **헤어진다.** (break up with)

______________________ their loved ones.

뜻밖에 사건이 **최근 들어 자주 생겼다.** (occur)

Unexpected accidents ______________________.

정답: [his health is improving], [open next week], [begins in March], [Anyone can break up with], [have often occurred in recent days]

Type 2

나는 어렸을 때 **그 병에 걸린 적이 있다.** (have)

I ______________________ in my childhood.

이 상자에는 물건이 많이 **담긴다.** (contain)

______________________ lots of things.

이번 크리스마스 파티를 위해 **내가 준비한 선물이 사라졌다.** (lose)

______________________ for this Christmas party.

그 사고로 **손목을 다쳤다.** (injure)

Due to the accident, ______________________.

하이힐 구두때문에 **발톱이 빠졌다.** (have)

I ______________________ because of my high-heeled shoes.

정답: [had the disease], [This box contained], [I lost my presents], [I injured my wrist], [have had my toenail off]

구문연습 II

Type 1

한국팀은 그 경기에서 중국에 졌다. (lose)

바람이 불자 갑자기 문이 닫혔다. (close)

이 책은 한국 역사에 초점이 맞추어졌다. (focus on)

일부 그물은 물속에서 풀어지지 않는다. (disintegrate)

옥상에 세일을 알리는 현수막이 걸려 있다. (hang)

Type 2

요즘 같은 추운 날씨에는 감기에 걸리지 않도록 조심해야 한다. (catch)

이 그릇에는 물이 많이 담긴다. (hold)

선반 위 상품들에 먼지만 쌓였다. (gather)

어제 오른쪽 발목이 삐었다. (sprain)

탐은 항암치료때문에 머리카락이 빠졌다. (lose)

구문연습 II 제시 답안

Type 1

한국팀은 그 경기에서 중국에 졌다.
The South Korean team lost the match against the Chinese team.

바람이 불자 갑자기 문이 닫혔다.
The door suddenly closed because of the wind.

이 책은 한국 역사에 초점이 맞추어졌다.
This book focuses on the history of Korea.

일부 그물은 물속에서 풀어지지 않는다.
Some nets do not disintegrate in the water.

옥상에 세일을 알리는 현수막이 걸려 있다.
A advertising banner for a big sale is hanging from the roof.

Type 2

요즘 같은 추운 날씨에는 감기에 걸리지 않도록 조심해야 한다.
Be careful not to catch a cold during these cold days.

이 그릇에는 물이 많이 담긴다.
This vessel holds lots of water.

선반 위에 먼지만 쌓였다.
Lots of dust gathered on the shelves.

어제 오른쪽 발목이 삐었다.
Yesterday I sprained my right ankle.

탐은 항암치료때문에 머리카락이 빠졌다.
Tom lost his hair due to chemotherapy.

원리

문장 내용에 대한 화자의 심적 태도를 나타내는 양상(MODAL) 표현은 한국어와 영어에서 일대일 대응이 정확히 이루어지지 않는다. 한국어와 영어 모두에서 양상을 나타내는 조동사는 제각각 중의적 의미를 갖기도 하고 구체적 구분을 두어 사용하기도 한다. 따라서 각각의 양상 조동사의 쓰임에 유의해야 한다. **"-할 수 있다"**와 같은 능력의 경우에 영어는 **"can", "be able to"** 등 구체적 표현을 갖는다.

예시

***Type* 1** '해 내다'와 같은 능력 실현의 표현은 'be able to(능력)'와 'manage to'로 대체 가능

중국어를 **할 수 있니?** → **Can** you **speak** Chinese?

그녀는 제때 그 일을 **끝낼 수 있다.** → She **is able to finish** the job in time.

그들은 **가까스로** 그곳을 **탈출할 수 있다.** → They **manage to escape** from it.

***Type* 2** '해 냈다'와 같은 능력 실현의 표현은 'understand', 'remember', 'see', 'hear', 'speak'와 같은 일반적 능력 'could'와 특정한 시간의 특정 능력 'was able to'로 구별 사용

우리 할아버지는 베트남어를 **할 수 있었다.**

→ My grandfather **could speak** Vietnamese.

우리는 그들을 드디어 **설득할 수 있었다.**

→ Finally, we **were able to (=managed to) persuade** him.

다시쓰기

***Type* 1** 나는 바닷가 근처에 자라서 **수영을 할 수 있다.**

KE Since I have lived near the sea, I swim. (x)

EE **Since I have lived near the sea, I ________________.**

***Type* 2** 나는 마감 전에 **그 프로젝트를 끝낼 수 있었다.**

KE I could finish the project before the deadline. (x)

EE **I ________________ before the deadline.**

***Type* 2** 그는 최근에 **잠을 잘 자지 못했다.**

KE He couldn't sleep very well recently. (△)

EE **He ________________ well.**

정답: [can/am able to swim], [was able to finish the project], [hasn't recently been able to sleep]

참조 미래나 현재완료와 같은 시제를 나타내는 (will, have pp 등) 표현이나 다른 조동사와 같이 쓰일 때는 be able to 로 만 가능: I **will can** do it. (x) → I **will be able** to do it. (o)

Type 1

나는 **우리 아버지를 이해할 수 없다.** (understand)

I ______.

우리는 **가까스로** 제 시간에 회의를 **시작할 수 있다.** (start)

We ______ the meeting in time.

정부는 그 신규 조례로 위조를 대폭 **줄일 수 있다.** (counterfeiting)

The government ______ dramatically with the new regulation.

그 의사는 **환자의 고통을 줄일 수도 있을 것이다.** (ease)

The doctor ______.

그 외국인 축구감독은 **5개국어를 할 줄 인다.** (speak)

The foreign soccer coach ______.

한국팀은 당연히 상대팀을 **격파할 수 있다.** (beat)

The Korean team ______ its opponent.

정답: [can't understand my father], [manage to start], [can reduce counterfeiting], [will be able to ease the pain of patients], [can speak five languages], [can beat]

Type 2

나는 예전엔 글씨체만 만 봐도 **그들의 성격을 알 수 있었다.** (judge)

I used to ______ just through their handwritings.

다행히도 나는 주어진 시간 안에 그 임무를 **완수할 수 있었다.** (complete)

Fortunately, I ______ the mission in the given period of time.

우리는 그들이 무엇을 말하는지 모두 **이해할 수 있었다.** (undersatnce)

We ______ all of what they said.

우리는 지난달 그의 새 집을 방문했다. 그 집에서 아름다운 호수를 **볼 수 있었다.** (see)

We went to his new house last month. We ______

the beautiful lake from our house.

정답: [be able to judge their character], [was able to complete], [could understand], [could see]

구문연습 II

***Type* 1**

이제 우리 아이들은 나의 도움없이 신발끈을 묶을 수 있다. (tie)

우리 엄마는 그 요리를 1시간 만에 만들어 낼 수 있다. (cook)

그는 오늘 10년 만에 대학을 졸업할 수 있게 되었다. (graduate)

그들 대부분이 악기를 연주할 줄 안다. (play)

동물들도 인간처럼 서로 의사소통 할 수 있는지 궁금하다. (wonder)

***Type* 2**

나는 예전에 차림새만 봐도 그들의 성격을 알 수 있었다. (through one's outfits)

우리 할머니는 음악을 사랑하셨다. 할머니는 피아노를 치셨다. (play)

마린보이 박태환은 2012 런던 올림픽에서 은메달을 딸 수 있었다. (take)

한국 보건 당국은 신속하게 그 코로나 바이러스를 막을 수 있었다. (prevent)

나는 우리가 함께 보냈던 즐거운 시간들을 기억해 낼 수 없었다. (remember)

구문연습 II 제시 답안

***Type* 1**

이제 우리 아이들은 나의 도움없이 신발끈을 묶을 수 있다.

Now my children can/are able to tie their shoelaces without my help.

우리 엄마는 그 요리를 1시간 만에 만들어 낼 수 있다.

My mom can/is able to cook the dish in one hour.

그는 오늘 10년 만에 대학을 졸업할 수 있게 되었다.

He has managed to graduate from college in a decade today.

그들 대부분이 악기를 연주할 줄 안다.

Most of them can/are able to play musical instruments.

동물들도 인간처럼 서로 의사소통 할 수 있는지 궁금하다.

I wonder if animals can communicate with each other like human beings.

***Type* 2**

나는 예전에 차림새만 봐도 그들의 성격을 알 수 있었다.

I used to be able to judge their character just through their outfits.

우리 할머니는 음악을 사랑하셨다. 할머니는 피아노를 치셨다.

My grandmother loved music. She was able to play the piano.

마린보이 박태환은 2012 런던 올림픽에서 은메달을 딸 수 있었다.

Taehwan Park called, "Marine boy", was able to take the silver medal at the 2012 London Olympics.

한국 보건 당국은 신속하게 그 코로나 바이러스를 막을 수 있었다.

The Korean health authorities were able to rapidly slow the spread of the coronavirus.

나는 우리가 함께 보냈던 즐거운 시간들을 기억해 낼 수 없었다.

I couldn't remember the good times we had had together.

4-6 양상 조동사(의무)

원리

"-해야 한다"와 같은 의무를 나타내는 양상 표현은 한국어에서 의미가 중의적으로 사용된다. 하지만 영어의 경우 문맥에 따라 **"must", "have/has to", "should", "ought to", "had better" 등** 구체적인 표현으로 구별되기도 한다.

예시

Type 1 주관적인 의지와 결심은 'must'로, 'must not'은 금지의 의미로만

나는 중간고사를 위해 **공부를 열심히 해야 한다.** → I **must study** hard for the mid-term test.

나는 이것을 누구에게도 절대 **이야기 해서는 안된다.** → I **mustn't tell** anyone about it.

Type 2 주관적인 의지가 아닌 외부의 의무 제약은 'have to'로, 'don't have to'는 의무 제거의 의미로

우리는 매일 9시에 일을 **시작해야 한다.** → We **have to start** work everyday at 9 o'clock.

너는 그 임무 모두를 **마칠 필요는 없다.** → You **don't have to complete** all of the tasks.

Type 3 화자의 의견이나 제안은 'should' 또는 'ought to'로, 불이행시 위험이 있을 수 있음에 대한 경고는 'had better'로

그 영화가 너무 재미 있다. 너도 그 영화를 **봐야 한다.** → The movie is so fun. You **should watch** it.

그 영화가 곧 시작한다. 이제 **출발해야 한다.** → The movie starts soon. You **had better leave** now.

다시쓰기

Type 1 우리는 이번 선거에서 **현명한 선택을 해야 한다.**

KE We have to make a smart choice in the election. (△)

EE **We ____________________ in the election.**

Type 2 우리는 **경기장에** 2시까지 **입장해야 한다.**

KE We must enter the arena by 2 o'clock. (△)

EE **We ____________________ by 2 o' clock.**

Type 3 그 의사는 내게 **휴식을 취해야 한다고** 말했다.

KE The doctor said to me, "You should take a rest." (△)

EE **The doctor said to me. "You ____________________."**

정답: [must make a smart choice], [have to enter the arena], [had better take a rest]

구문연습 I

Type 1

이제는 나의 육체적 핸디캡을 극복하기 위해 **최선을 다해야만 한다.** (do)

Now I ____________________ to overcome my physical handicap.

빈 상자들은 문 앞에 **쌓아 두어서는 안된다.** (stack)

Empty boxes ____________________ in front of the door.

이 경기장에 입장하기 위해서는 **술을 가져와서는 안된다.**

You ____________________ to enter the arena.

정답: [must do my best], [mustn't be stacked], [mustn't bring any liquors with you]

Type 2

한국학생들은 학교에서 교복을 **입어야 한다.** (wear)

Korean students ____________________ in school uniforms.

이 극장에 입장을 하기 위해서는 **정장을 입어야 한다.** (dress)

You ____________________ to enter the theater.

학생들은 교과서를 사기위해 **돈을 지불할 필요가 없다.** (pay)

Students ____________________ for textbooks.

정답: [have to wear], [have to be dressed], [don't have to pay]

Type 3

우리는 이제 막 일을 다 끝냈다. **좀 쉬는게 좋겠다.** (take)

We have just finished our work. We ____________________.

니 생각에 내가 그 회사에 **지원하는 게 좋겠니?** (apply)

Do you think I ____________________ the company?

곧 비가 올 것 같다. **우산을 챙겨가는게 좋겠다.** (take)

It might rain soon. You ____________________ with you.

정답: [should take a rest], [should apply to], [had better take an umbrella]

구문연습 II

Type 1

한 가정의 가장으로서 그는 가족을 부양하기 위해 일을 열심히 해야 한다. (support)

너는 이것을 비밀로 지켜야 한다. (secret)

어제도 회사에 늦었다. 나는 다시는 절대 늦지 말아야 한다. (late)

Type 2

외국 방문객이 한국에서 운전을 하기위해서는 국제 운전면허증이 있어야 한다. (license)

나 혼자 갈 수 있어. 나와 함께 가지 않아도 돼. (alone)

신입 직원들은 기안일까지 그 서류들을 제출해야 한다. (submit)

Type 3

코로나바이러스 감염을 막기 위해서는 마스크를 써야 한다. (wear)

넌 벌써 두 번이나 그 시험에서 떨어졌다. 보다 열심히 공부해야 한다. (fail)

내 생각에는 미국정부가 더 이상 그 문제에 개입하지 않아야 한다고 본다. (interfere in)

참조 'must'는 **지침이나 규약**과 같이 글로 쓰여 있는 의무조항을 나타낼 때도 사용된다.
기내 안전벨트 착용은 **의무이다.** → Seatbelts **must** be fastened on the plane.

구문연습 II 제시 답안

Type 1

한 가정의 가장으로서 그는 가족을 부양하기 위해 열심히 일을 해야 한다.

As the head of the house, he must work hard to support his family.

너는 이것을 비밀로 지켜야 한다.

You must keep this a secret.

어제도 회사에 늦었다. 나는 다시는 절대 늦지 말아야 한다.

I was late for work yesterday too. I mustn't be late again.

Type 2

외국 방문객이 한국에서 운전을 하기위해서는 국제 운전면허증이 있어야 한다.

Foreign visitors have to have an international driving license to drive in Korea.

나 혼자 갈 수 있어. 나와 함께 가지 않아도 돼.

I can go alone. You don't have to come with me.

신입 직원들은 기안일까지 그 서류들을 제출해야 한다.

New employees have to submit the documents by the due date.

Type 3

코로나바이러스 감염을 막기 위해서는 마스크를 써야 한다.

You had better wear a mask to protect yourself from the coronavirus.

넌 벌써 두 번이나 그 시험에서 떨어졌다. 보다 열심히 공부해야 한다.

You have already failed in the exam twice. You had better study much harder.

내 생각에는 미국정부가 더 이상 그 문제에 개입하지 않아야 한다고 본다.

I think the U.S. government ought not to/should not interfere in the matter any more.

4-7 양상 조동사(가능성과 확신)

원리

한국어의 "-할 가능성이 있다"와 같은 가능과 "-임에 틀림없다"같은 확신을 의미하는 영어의 표현은 **가능성이나 확신의 정도에 따라 다른 양상 조동사가 이용되어** 만들어진다. 특히 이런 표현들의 과거는 **"조동사 have + p.p."** 형태로 다른 의미로 사용되는 양상조동사 과거형태와 구별된다.

예시

Type 1 높은 가능성은 'can', 좀 더 낮은 가능성은 'may', 'might', 'could'로

우리가 책임자에게 편지를 써 **볼 수도 있겠지.** → We **can** write a letter to the director.

그가 그것을 **할 수야 있겠지만 그럴 가능성은 적다.** → He **could** do it.

Type 2 강한 긍정의 확신은 'must', 강한 부정의 확신은 'can't'로

그는 아픈 것이 **분명하다.** → He **must** be sick.

그는 아플 **리가 없다.** → He **can't** be sick.

Type 3 가능성과 확신을 나타내는 조동사의 과거형은 '조동사 have + p.p.'로

그는 그 범죄자를 찾았음이 **분명하다.** → He **must** have found the criminal.

그는 그 곳에 **갔다 왔을 리가 없다.** → He **can't** have been there.

다시쓰기

Type 1 가방을 잃어 버렸다. **기차안에 있을 수 있다.** (높은 가능성)

KE I have lost my bag. It should be in the train. (x)

EE **I have lost my bag. It ______________________.**

Type 2 너는 점심을 많이 먹었다. **배가 고플 리가 없다.** (확신)

KE You had a big lunch. You mustn't be hungry. (x)

EE **You had a big lunch. You ______________________.**

Type 3 그가 과거에 수학 선생님**이었음에 틀림없다.** (과거사실에 대한 확신)

KE He can have been a math teacher. (x)

EE **He ______________________ a math teacher.**

정답: [must be in the train], [can't be hungry], [must have been]

Type 1

내가 부산에 가면 내 친구네 집에 **머물 수 있다.** (높은 가능성: stay)

When I go to Busan, I ________________ with my friend.

내가 부산에 가면 내 친구네 집에 **머물 수도 있겠지.** 하지만 난 호텔이 더 편해. (낮은 가능성)

When I go to Busan, I ________________ with my friend. However, I prefer a hotel.

그가 한 말이 **사실일지도 모르겠다.** (true)

What he said ________________.

그 물건이 그 가게에 **없을지도 모르겠다.** (be)

The item ________________ at the shop.

정답: [can stay], [could stay], [may/might be true], [may/might not be]

Type 2

그 콘서트가 이번에 서울 예술의 전당에서 **열리는 것이 틀림없다.** (hold)

The concert ________________ at the Seoul Arts Center this time.

그가 헬렌의 집에 **있었을 리가 없다.** (be)

He ________________ in Helen's house.

그는 지금까지 한끼도 먹지 못했다. **배가 고픔이 틀림없다.** (hungry)

He hasn't had any food until now. He ________________.

정답: [must be held], [can't be], [must be hungry]

Type 3

어제 우리 팀이 그 경기에서 **졌을 리가 없다.** (lose)

Our team ________________ yesterday.

어제 그가 **헬렌의 집에 있었을 수도 있었겠다.** 하지만, 나는 그를 오락실 앞에서 보았다. (낮은 가능성)

Yesterday he ________________.
However, I saw him in front of a video game shop.

그것이 무엇이었는지 모르겠다. **아마도 가스였을 지 모른다.** (gas)

I am not sure what it was. It ________________.

정답: [can't have lost the match],]could have been in Helen's house], [might have been gas]

구문연습 II

Type 1 다른 행성의 외계생명체가 지구를 공격해 올 수도 있다. (낮은 가능성)

그 교재들 대부분이 비싸서, 집안 형편이 안 좋은 학생들에게 곤란을 겪게 할 수 있다. (높은 가능성)

Type 2 성공을 위해서는 더 많은 노력을 해야 함이 틀림없다. (achieve)

모든 것이 너에게 익숙할리 없다. (familiar)

Type 3 그 화재는 그 지역사람들에게 악몽과 같은 것이었음에 틀림없다. (nightmare)

그가 그런 일을 했을 리가 없다. (such)

기 타 정부는 그것을 막기위해 철저한 준비를 했음이 틀림없다. (확신)

정부는 그것을 막기위해 철저한 준비를 했어야 했다. (의무)

정부는 그것을 막기위해 철저한 준비를 했어야 했다 (그런데 못했다).

참조 'must'의 과거형태는 **'must have pp'**, **'had to v'** , **'should have pp'**로 구분되며, 각각 다른 의미를 갖는다.

그는 그 모임에 **참석 했음이 틀림없다.** → He **must have joined** the meeting.
그는 그 모임에 **참석 했어야 했다.** → He **had to join** the meeting.
그는 그 모임에 **참여 했어야 했다. (그런데 못했다).** → He **should have joined** the meeting.

구문연습 II 제시 답안

Type 1

다른 행성의 외계생명체가 지구를 공격해 올 수도 있다.

Alien beings from another planet could attack the earth.

그 교재들 대부분이 비싸서, 집안 형편이 안 좋은 학생들에게 곤란을 겪게 할 수 있다.

Most of the textbooks are expensive and this can hurt students from poor families.

Type 2

성공을 위해서는 더 많은 노력을 해야 함이 틀림없다.

We must work much harder to achieve success.

모든 것이 너에게 익숙할리 없다.

Not everything can be familiar to you.

Type 3

그 화재는 그 지역사람들에게 악몽과 같은 것이었음에 틀림없다.

The fire must have been a nightmare for those nearby.

그가 그런 일을 했을 리가 없다.

He can't have done such a thing.

기 타

정부는 그것을 막기위해 철저한 준비를 했음이 틀림없다.

The government must have made thorough preparations against it.

정부는 그런 일을 막기위해 철저한 준비를 했어야 했다.

The government had to make thorough preparations against it.

정부는 그것을 막기위해 철저한 준비를 했어야 했다 (그런데 못했다).

The government should have made thorough preparations against it.

4-8 양상 중의적 사용 vs. 분리

원리

한국어로 "-해 보인다"와 같은 하나의 인지 표현이 **영어에서는 "seem"과 "look"**으로 구분해서 사용된다. 동사 **"seem"은 종합인식에, 동사 "look"은 외관인식에** 사용된다. 즉 동사 "seem"의 경우 외관, 소문, 물리적 상황 등 종합적으로 판단해 볼 때 "보인다"의 의미인 반면, 동사 "look"의 경우 이러한 종합적 판단보다는 주로 그 사람의 외관에 의존하는 방식으로 판단해 볼 때 "보인다"의 의미를 갖는다.

예시

Type 1 외관 인식의 경우 'look 형용사' 또는 'look like 명사'의 표현으로
그는 (외관상) (녹초가 될 정도로) 피곤해 **보인다.** → He **looks** exhausted.

Type 2 종합 인식의 경우 'seem' 표현으로
그는 좋은 사람인 것 **같다.** → He **seems (to be)** a nice man.

다시쓰기

Type 1 그는 오늘 영화배우처럼 **보인다.**

KE Today, he seems to be a movie actor. (△)

EE **Today he ____________________ a movie actor.**

Type 1 왜 그렇게 **안절부절 못 합니까?**

KE Why do you seem so antsy? (△)

EE **Why do you ____________________?**

Type 2 그는 어린 시절 기억을 잃어버린 것처럼 **보인다.**

KE He looks like losing memories of his childhood. (△)

EE **He ____________________ memories of his childhood.**

Type 2 외국인 노동자를 차별 대우하는 것은 공정하지 **못한 것 같다.**

KE It doesn't like to be fair to treat foreign workers differently. (△)

EE **It ____________________ to treat foreign workers differently.**

정답: [looks like], [look so antsy], [seems to have lost], [doesn't seem to be fair]

구문연습 I

***Type* 1**

이 선은 **부드럽게 보인다.** (look)

The line ______________________.

그녀는 화장을 하면 **공주처럼 보인다.** (look)

Wearing make-up, she ______________________.

그 고양이는 **눈처럼 하얗게 보인다.** (look)

The cat ______________________.

사진에서 볼 수 있듯이 그 목걸이는 **굉장히 고급스럽게 보인다.** (look)

As you can see from the picture, the necklace ______________________.

저 남자아이는 **어른처럼 보이려고** 한다. (look)

The boy tries to ______________________.

정답: [looks soft], [looks like a princess], [looks as white as snow], [looks luxurious], [look like a grown-up]

***Type* 2**

한국 사육사들은 코알라는 **식성이 까다로운 것 같다고** 말한다. (seem)

Korean zookeepers say that koalas ______________________.

그 같은 갈등을 푸는 것은 **쉽지** 않아 **보인다.** (seem)

It doesn't ______________________ to resolve such conflicts.

양자 간의 합의는 **당분간 불가능해 보인다.** (seem)

An agreement between the two parties ______________________.

이제 로봇이 인간 노동자 자리를 대신 **차지하는 것 같다.** (seem)

Robots ______________________ human laborers now.

요즘 내 남자친구가 **나에게 낯설게 느껴지는 것 같다.** (seem)

These days my boy friend ______________________.

정답: [seem to be picky eaters], [seem easy], [seems impossible for the time being], [seem to take place of], [seems strange to me]

구문연습 II

Type 1

그 정치인은 강경한 태도를 보이려고 했다. (tough)

한라산은 처음부터 험준하게 보였다. (forbidding)

그 패션 모델은 차갑게 보인다. (as cold as)

사진에서 볼 수 있듯이 그는 외관상 조금 뚱뚱하고 못생겼다. (fat and ugly)

그들은 쌍둥이 형제처럼 보인다. (twin)

Type 2

이번 재해는 그 지역 구성원들을 뭉치게 하는 것 같았다. (bring together)

그 남자는 조금도 개의치 않는 것 같았다. (mind)

그 바이러스가 곧 사라질 것으로는 도저히 보이지 않는다. (fade)

그는 그 일 때문에 자신의 일에 집중 못하는 것 같아요. (concentrate on)

그러나, 시험 시스템이 4월에 구축될 것으로 보인다. (likely)

Type 1

그 정치인은 강경한 태도를 보이려고 했다.

The politician tried to look tough.

한라산은 처음부터 험준하게 보였다.

Mt. Halla looked quite forbidding from the beginning.

그 패션 모델은 차갑게 보인다.

The fashion model looks as cold as a frog.

사진에서 볼 수 있듯이 그는 외관상 조금 뚱뚱하고 못생겼다.

As you can see from the photo, he looks somewhat fat and ugly.

그들은 쌍둥이 형제처럼 보인다.

They look like twin brothers.

Type 2

이번 재해는 그 지역 구성원들을 뭉치게 하는 것 같았다.

This disaster seemed to bring the community members together.

그 남자는 조금도 개의치 않는 것 같았다.

He didn't seem to mind a bit.

그 바이러스가 곧 사라질 것으로는 도저히 보이지 않는다.

It hardly seems that the virus will fade soon.

그는 그 일 때문에 자신의 일에 집중 못하는 것 같아요.

He can't seem to concentrate on his work because of the happening.

그러나, 시험 시스템이 4월에 구축될 것으로 보인다.

But it seems likely that the exam system will be ready in April.

4-9 약한 동사 통제 vs. 강한 통제(I)

원리

한국어의 동사는 문미에 위치하여 문장의 구조를 세부적으로 결정하지 못한다. 반면 **영어의 경우 동사의 세부 유형에 따라 동사 뒤의 문장구조가 달라지는 경향**이 있다. 예를 들어, 한국어의 "간주하다"에 대응하는 영어 동사는 "consider"와 "regard"지만 실제 사용에 있어 다른 구조를 갖는다. "consider"는 목적어 그리고 그 뒤에 명사와 형용사와 같은 목적 보어를 위치시키지만 같은 의미의 "regard"는 목적 보어를 위치시킬 수 없다.

예시

Type 1 '목적어 + 부사어'구로 표현되는 단어들은 'regard', 'treat', 'learn'

그 병사들은 그를 **지도자로 여기지 않는다.**

→ The soldiers **don't regard** him **as their leader.**

Type 2 '목적어 + 목적 보어'로 위치시키는 동사는 'consider', 'call', 'name', 'find'

그들은 자신들의 팀 성과가 **훌륭하다고 여긴다.**

→ They **consider** their team's performance **great.**

다시쓰기

Type 1 너는 **그들의 행동이** 좋다고 생각하니 나쁘다고 **생각하니?**

KE Do you regard their behavior good or bad? (△)

EE **Do you ________________ good or bad?**

Type 1 오바마 대통령은 **그를** 고문단으로 **선정했다.**

KE Mr. Obama selected him one of his advisors. (x)

EE **Mr. Obama ________________ one of his advisors.**

Type 2 그들은 **그를** 이 나라에서 가장 훌륭한 수장으로 **여기고 있다.**

KE They consider him as the best leader in the country. (x)

EE **They ________________ the best leader in the country.**

Type 2 그들은 **그를** 한국의 피카소라고 **불렀다.**

KE They called him as the Korean Picasso. (x)

EE **They ________________.**

정답: [regard their behavior as], [selected him as], [consider him to be], [called him the Korean Picasso]

구문연습 I

Type 1

국민들은 **그를 최고의 지도자라 생각한다.** (the best leader)

People ______________________________.

경찰은 **이 사건을 긴급하게 취급했다.** (treat)

The police ______________________________.

이제 우리는 제2 외국어로 **일본어를 배운다.** (learn).

Now ______________________________ the second language.

그 변호사는 그의 무죄를 입증하기 위해 **그 사진을 제시했다.** (present)

______________________________ evidence of his innocence.

정답: [regard him as the best leader], [treated the case as urgent], [we learn Japanese as], [The lawyer presented the photo as]

Type 2

일부 경제학자들은 **비트 코인을 중요한 대체 화폐로 여긴다.** (consider)

Some economists ______________________________.

그는 **자신이 유명인사가 되어있음을 알게 되었다.** (find)

He ______________________________.

그 부부는 **새로 태어난 아기에게 유진이라고 이름 붙였다.** (name)

The couple ______________________________.

유권자들은 **그를 그 나라의 대통령으로 뽑았다.** (elect)

The voters ______________________________.

영화팬들은 **그 영화를 완벽한 공포영화라고 칭했다.** (call)

The moviegoers ______________________________.

정답: [consider bitcoin an alternative currency], [found himself a sudden celebrity], [named the new-born baby Eu-jin], [elected him president of the country], [called it the perfect horror movie]

구문연습 II

Type 1

그는 어떠한 임무도 도전이라고 생각한다. (challenge)

경찰은 이 사건을 대수롭지 않게 취급했다. (treat)

우리 아이도 이제 산타클로스가 진짜가 아니라는 것을 알게 되었다. (discover)

정부는 이런 변화를 주요 개혁으로 제시했다. (present)

Type 2

어떤 사람들은 바이러스를 살아있는 것으로 여긴다. (consider)

그는 그 음식이 아주 맛있다는 것을 알게 되었다. (find)

그들은 그 유기견에게 로빈이라 이름 붙였다. (name)

그 지역민들은 그를 그 지역의 국회위원으로 뽑았다. (elect)

대통령이 그를 국무총리로 임명했다. (appoint)

참조 **'appoint', 'choose'와 같은 단어들은 두 가지 형태를 모두 취한다.**

이사진은 그를 **회장으로 임명했다.**

→ The board **appointed him chairman.**

→ The board **appointed him as chairman.**

구문연습 II 제시 답안

Type 1

그는 어떠한 임무도 도전이라고 생각한다.
He regards every task as a challenge.

경찰은 이 사건을 대수롭지 않게 취급했다.
The police treated the case as unimportant.

우리 아이도 이제 산타클로스가 진짜가 아니라는 것을 알게 되었다.
My child discovers that Santa Claus isn't real now.

정부는 이런 변화를 주요 개혁으로 제시했다.
The government presented these changes as major reforms.

Type 2

어떤 사람들은 바이러스를 살아있는 것으로 여긴다.
Some people consider viruses to be living.

그는 그 음식이 아주 맛있다는 것을 알게 되었다.
He found the food very delicious.

그들은 그 유기견에게 로빈이라 이름 붙였다.
They named the homeless dog Robin.

그 지역민들은 그를 그 지역의 국회위원으로 뽑았다.
The citizens elected him congressman of the region.

대통령이 그를 국무총리로 임명했다.
The President appointed him (as) the Prime Minister.

4-10 약한 동사 통제 vs. 강한 통제(II)

원리

한국어의 동사는 문미에 위치해 문장의 형태를 결정하는데 제한적이지만, **영어의 경우 동사에 따라 뒤에 나타나는 문장의 요소들을 결정하는 것이 일반적**이다. 예를 들어, "like"와 같은 동사는 절(CLAUSE)을 뒤에 보어로서 위치시킬 수 없지만 "prefer"는 절을 보어로서 위치시킬 수 있다.

예시

***Type* 1** 목적어로 'that 절'을 위치시킬 수 없는 동사는 'like', 'want', 'ask', 'teach', 'make', 'persuade' 등

나는 백화점에서 쇼핑하는 것을 **좋아한다.** → I **like** shopping at a department store.

***Type* 2** 목적어로 'that 절'을 위치시킬 수 있는 동사는 'ensure', 'guarantee', 'indicate', 'show', 'specify', 'suggest', 'point out' 등

나는 너가 그 영화를 좋아할 것임을 **보장한다**.→I **guarantee** that you'll love the film.

다시쓰기

***Type* 1** 나는 **그들이** 가능한 빨리 이 곳에 **오기를 원한다.**

KE I want that they will come here as soon as possible. (x)

EE I ______________________ here as soon as possible.

***Type* 1** 그 아이는 우리와 축구하는 것을 **좋아한다.**

KE The child likes that all of us play soccer together. (x)

EE The child ______________________ with us.

***Type* 2** 이 수치들은 이 치료법이 아이들에게 적합하다는 것을 **보여준다.**

KE The figures indicate the remedy to be suitable for children. (x)

EE The figures ______________________ the remedy is suitable for children.

***Type* 2** **그의 친구들은** 그가 병원에 가봐야 **한다고 주장한다.**

KE His friends suggest him to see the doctor.(x)

EE ______________________ he should see the doctor.

정답: [want them to come], [likes playing soccer], [indicate that], [His friends suggest that]

***Type* 1**

그는 자신의 집에 **방문해 달라고 우리에게 부탁했다.** (ask)

He ______________________________ his home.

집주인은 공지도 없이 **집을 비워 달라고 강요했다.** (force)

The landlord ______________________________ without notice.

한국 드라마의 성공은 **한국인이 자신의 문화에 대해 자긍심을 갖도록 만든다.** (make)

The success of Korean TV dramas ______________________________.

나는 너희가 그 회사에 **지원하기를 원한다.** (want)

I ______________________________ the company.

의학의 발날은 지구촌에서 많은 질병을 **없애는데 일조했다.** (help)

Medical developments ______________________________
many diseases in the global community.

정답: [asked us to visit], [forced me out of the house], [makes Korean people feel pride in their culture], [want you to apply to], [have helped us eliminate]

***Type* 2**

그는 자신이 동료를 괴롭혀왔다고 **밝혔다.** (reveal)

______________________________ he had harassed his colleague.

일부 과학자들은 백두산 화산이 조만간 폭발할 것이라고 **지적했다.** (point out)

______________________________ Mt. Baekdu volcano would erupt in the near future.

나는 그 회사가 너희를 채용하기를 **바래.** (hope)

______________________________ the company recruits you.

이것은 그 제품이 다른 제품들에 비해 열을 효율적으로 전달한다는 것을 **보증한다.** (ensure)

______________________________ this product delivers heat more efficiently than the others.

그 법은 그 나라의 최저임금이 10달러임을 **명시하고 있다.** (specify)

______________________________ the country's minimum wage is at $10 per hour.

정답: [He revealed that], [Some scientists pointed out that], [I hope that], [This ensures that], [The law specifies that]

구문연습 Ⅱ

Type 1

그는 나에게 그의 과제를 도와달라고 부탁했다. (ask)

그가 줄리아에게 기타 연주를 가르쳤다. (teach)

그 아동학대 사건은 우리 모두에게 죄책감을 느끼게 만든다. (make)

나는 너가 그의 충고를 너무 진지하게 받아들이지 않기를 바래. (want)

세계적 구호 단체들은 한국이 북한의 기아를 없앴 수 있도록 도왔다. (help)

Type 2

그는 자신이 감옥에 여러 번 투옥된 적이 있다고 밝혔다. (reveal)

일부 경제학자들은 한반도 통일이 남북한에 큰 이익을 가져다 줄 것이라고 지적했다. (point out)

우리는 한국의 경제가 좋아질 것으로 기대한다. (anticipate)

이것은 구매 제품이 무상 수리가 가능하다는 것을 보증한다. (ensure)

그 법은 모든 사람은 차별받지 말아야 한다는 점을 명시하고 있다. (specify)

참조 **많은 동사들이 'that 절'을 뒤에 놓거나 놓지 않을 경우에 따라 그 의미가 다르다.**
그 사냥꾼은 사슴에 총을 **겨누었다.** → The hunter **pointed** the gun at a deer.
그 사냥꾼은 야생 호랑이 보호가 필요없다고 **지적한다.**
→ The hunter **points out that** wild tigers don't have to be conserved anymore.

Type 1

그는 나에게 그의 과제를 도와달라고 부탁했다.
He asked me to help him with his assignment.

그가 줄리아에게 기타 연주를 가르쳤다.
He taught Julie to play the guitar.

그 아동학대 사건은 우리 모두에게 죄책감을 느끼게 만든다.
The child abuse case makes us all feel guilty.

나는 너가 그의 충고를 너무 진지하게 받아들이지 않기를 바래.
I want you not to take his advice seriously.

세계적 구호 단체들은 한국이 북한의 기아를 없앴 수 있도록 도왔다.
International aid agencies helped South Korea eliminate starvation in North Korea.

Type 2

그는 자신이 감옥에 여러 번 투옥된 적이 있다고 밝혔다.
He revealed that he had been in prison several times.

일부 경제학자들은 한반도 통일이 남북한에 큰 이익을 가져다 줄 것이라고 지적했다.
Some economists pointed out that unification of the Korean peninsula would benefit both Koreas.

우리는 한국의 경제가 좋아질 것으로 기대한다.
We anticipate that the Korean economy will be getting better.

이것은 구매 제품이 무상 수리가 가능하다는 것을 보증한다.
This ensures that you can get the product fixed for free.

그 법은 모든 사람은 차별받지 말아야 한다는 점을 명시하고 있다.
The law specifies that anyone should not be discriminated against.

4-11 약한 동사 통제 vs. 강한 통제(Ⅲ)

원리

한국어와 달리, 영어는 동사 상황의 **실현(ACTUALIZATION)과 잠재성(POTENTIALITY) 여부를 판단**하여 보어절 유형(to V 또는 Ving)을 선택한다. 예를 들면, 영어의 "like"라는 같은 동사가 사용되어도 "모짜르트 음악 감상이 좋아"와 같이 실현 상황에 대한 영어 표현은 "I like listening to Mozart"에서와 같이 동명사 보어가 오고, "CD-플레이어 사고 싶어"와 같은 잠재성 상황인 경우 "I'd like to buy a cd player'와 같이 TO-부정사가 온다.

예시

***Type* 1** 잠재성을 나타내는 맥락에서는 'to V'로

그 집 문을 **잠궈야 하는 걸 기억했다.** → I **remembered to lock up** the house.

***Type* 2** 실현상황을 나타내는 맥락에서는 'V ing' 로

그 집 문을 **잠궜다는 걸 기억했다.** → I **remembered locking up** the house.

다시쓰기

***Type* 1** **유감스럽지만** 나는 그를 도와줄 수 없다.

KE I regret saying that I am unable to help him. (x)

EE I ________________ that I am unable to help him.

***Type* 1** 넌 뭘 **하려는 중이니?**

KE What are you trying doing? (x)

EE What ________________?

***Type* 2** 경찰이 그 사건 **조사를 꺼려했다.**

KE The police avoided to look into the case. (x)

EE The police ________________ the case.

***Type* 2** 어제 밤에 돈을 너무 많이 **쓴 것이 후회된다.**

KE I regret to spend so much money last night. (x)

EE I ________________ so much money last night.

정답: [regret to say], [are you trying to do], [avoided looking into], [regret spending]

***Type* 1**

나는 **스페인에 가서** 스페인어를 배우고 싶다. (like)

______________________________ and learn Spanish there.

집을 비울 때 **문을 잠그는 것을 잊어서는** 안된다. (forget)

You should not ______________________________ when going out.

우리는 그 명품을 **살 만한 여유가 없다.** (afford)

We ______________________________ the luxury item.

그들은 스티브와 **이야기를 나누기 위해 멈추었다.** (stop)

They ______________________________ with Steve.

2시에 병원에 **예약해야 하는 것을 기억해야 한다.** (remember)

I should ______________________________ with the doctor at 2 o'clock.

정답: [I'd like to go to Spain], [forget to lock the door], [can't afford to buy], [stopped to talk], [remember to make an appointment]

***Type* 2**

우리 할머니는 우리 가족과 함께 **지내왔다는 것을 기억하지 못하신다.** (remember)

My grandmother ______________________________ with my family.

그 용의자는 경찰서에 가서는 **내 가방을 훔친 것을 부인했다.** (deny)

The suspect ______________________________ when taken to the police station.

제발 공공장소에서 **침을 뱉는 것 좀 그만해라.** (stop)

Please ______________________________ in public places.

너는 대학에 **가지 않은 것을 후회하니?** (regret)

Do you ______________________________ to college?

부산 사람 대부분이 **해변에서 수영하는 것을 좋아한다고** 생각하지 마라. (enjoy)

You should not think that most Busan citizens ______________________________.

정답: [doesn't remember staying], [denied stealing my bag], [stop spitting], [regret not going], [enjoy swimming at the beach]

구문연습 II

***Type* 1**

나는 저 아름다운 해변에서 수영하고 싶다. (like)

비행기에서는 안전벨트를 메는 것을 잊어서는 안된다. (forget)

그를 네 맘대로 다루려 하지 마라. (try)

그들은 커피 한잔 하기 위해 멈추었다. (stop)

나는 이번 어버이 날에 엄마에게 꽃을 보내는 것을 잊어버렸다. (forget)

***Type* 2**

우리 아버지는 전에 나와 이 박물관을 방문했다는 것을 기억하지 못하신다. (remember)

그녀와 연락을 해야 한다면 그녀의 핸드폰으로 연락하지 않았니? (try)

제발 이 일에 끼어들지 좀 마라. (stop)

대부분의 장관들은 은행에 강경하게 맞서지 못한 것을 후회한다. (regret)

모두들 5시까지 그 작업을 하던 것을 마치어야 한다. (finish)

참조 맥락상 항상 'V ing' 를 갖는 동사는 'avoid', 'delay', 'dislike', 'escape', 'finish', 'forgive', 'imagine'이며, 맥락상 항상 'to V' 를 갖는 동사는 'want', 'decide', 'attempt', 'fail', 'plan', 'hope' 등

구문연습 Ⅱ 제시 답안

Type 1

나는 저 아름다운 해변에서 수영하고 싶다.
I'd like to swim at the beautiful beach.

비행기에서는 안전벨트를 메는 것을 잊어서는 안된다.
You must not forget to fasten your seat belt on the plane.

그를 네 맘대로 다루려 하지 마라.
Don't try to bend him to your will.

그들은 커피 한잔 하기 위해 멈추었다.
They stopped to drink a cup of coffee.

나는 이번 어버이 날에 엄마에게 꽃을 보내는 것을 잊어버렸다.
I forgot to send my mom flowers on this Parents' day.

Type 2

우리 아버지는 전에 나와 이 박물관을 방문했다는 것을 기억하지 못하신다.
My father doesn't remember visiting this museum with me.

그녀와 연락을 해야 한다면 그녀의 핸드폰으로 연락하지 않았니?
Why didn't you try calling her on her mobile phone?

제발 이 일에 끼어들지 좀 마라.
Please stop putting your nose into this matter.

대부분의 장관들은 은행에 강경하게 맞서지 못한 것을 후회한다.
Most ministers regret not being tough enough on the banks.

모두들 5시까지 그 작업을 하던 것을 마치어야 한다.
All of you have to finish doing the task by 5 o'clock.

5장
수식어가 달라요.

5-1 형용사 서술 vs. 형용사 수식

원리

한국어는 명사를 수식하는 표현을 형용사의 서술형 또는 부사로 표현하는 경우가 대부분이지만 영어는 명사 앞에 **형용사 수식으로 표현 되는 경우가 대부분**이다.

예시

***Type* 1** 수량을 나타내는 표현은 명사 앞에서 형용사처럼 수식
그 남자는 책을 **두 권** 샀다. → The man bought **two** books.

***Type* 2** 서술 기능의 표현은 명사 앞에 두어 수식 기능으로
저녁을 **많이** 먹는 것은 건강에 좋지 않다.
→ **A large** dinner is not good for health.

다시쓰기

***Type* 1** 그 대학은 **교수진이 50명이다.**

KE The university has faculty members 50. (△)

EE **The university has ________________.**

***Type* 1** **네덜란드인 대부분이** 이중언어자이다.

KE The Dutch most are bilingual. (x)

EE **________________ are bilingual.**

***Type* 2** 한국은 **청년실업문제가 심각하다.**

KE In Korea, youth unemployment is very terrible. (△)

EE **Korea has ________________.**

***Type* 2** 그 한국영화는 **아슬아슬한 장면이 많다.**

KE Thrilling scenes in the Korean movie are lots. (x)

EE **The Korean movie has ________________.**

정답: [50 faculty members], [Most of the Dutch], [very terrible youth unemployment], [lots of thrilling scenes]

***Type* 1**

물 좀 더 주세요. (more)

Can I ask you ______________________________?

엄마는 내게 생일 선물로 **책을 한권 더 사 주셨다.** (another)

My mom ______________________________ as my birthday gift.

남한과 북한은 지난 1년 동안 **정상 회담을 2번 더 가졌다.** (two)

Seoul and Pyoungyang ______________________________ for the last year.

탈북민 상당수가 북유럽 국가로 가기를 기대한다. (Numerous)

______________________________ expect that they will go to Northern European countries.

우리반 친구들 모두 이 지역에 산다. (all)

______________________________ live in this district.

정답: **[for more water], [bought me another book],[held two more summits], [Numerous North Korean asylum seekers], [All of my classmates]**

***Type* 2**

그 여자는 다른 한국 사람에 비해 **머리가 검다.** (black)

The woman ______________________________ compared to other Koreans.

그는 초등학교 때 **노래를 정말 잘 했다**. (good)

He was ______________________________ when he was in elementary school.

그 영화배우는 **피부가 아름답고 깨끗하다.** (beautiful and clear)

The actress has ______________________________

그 영화는 영화계에서 **평이 좋아서** 황금사자상을 받는데 어려움이 없었다. (good)

The film had ______________________________ in the film industry and had little difficulty being awarded Golden Lion for Best Film.

그 회사는 이번 분기에 **매출이 감소하고 있다.** (sluggish)

The company ______________________________ in this quarter.

정답: **[has darker hair], [a good singer], [a beautiful and clear complexion], [good reviews], [has had sluggish sales]**

구문연습 II

Type 1

물 좀 더 마시겠니? (more)

제니퍼는 지난 주에 친구에게 강아지 한 마리를 주었다. (puppy)

두 나라는 지난 1년 동안 회담을 몇 번 가졌나요? (meeting)

한국인 상당수가 남북통일이 곧 이루어질 것으로 기대한다. (Numerous)

이 친구들 모두 프랑스인이다. (all)

Type 2

그는 다른 사람에 비해 다리가 길다. (long)

나는 초등학교 때 수영을 정말 잘 했다. (good swimmer)

그 피아니스트는 손가락이 길고 예쁘다. (long and beautiful)

그녀는 학교에서 좋은 평가를 받아서 그 장학금을 받는데 어려움이 없었다. (good evaluation)

그 회사는 매출이 증가하고 있다. (growing)

참조 수량을 나타내는 양화사('many', 'much', 'some', 'few', 'little' 등)의 상당 부분이 명사를 수식하는 한정용법으로 사용되고 서술용법으로는 사용되지 않는다.

제인은 모자가 **많다.** → Jane's hats are **many.** (x)
Jane has **many** hats. (o)

Type 1

물 좀 더 마시겠니?

Would you like more water?

제니퍼는 지난 주에 친구에게 강아지 한 마리를 주었다.

Jennifer gave her friend a puppy last week.

두 나라는 지난 1년 동안 회담을 몇 번 가졌나요?

How many meetings did the two countries have for the last year?

한국인 상당수가 남북통일이 곧 이루어질 것으로 기대한다.

A large number of Koreans expect that North and South Korea will be unified soon.

이 친구들 모두 프랑스인이다.

All these friends come from France.

Type 2

그는 다른 사람에 비해 다리가 길다.

He has long legs compared to others.

나는 초등학교 때 수영을 정말 잘 했다.

I was a good swimmer when I was in elementary school.

그 피아니스트는 손가락이 길고 예쁘다.

The pianist has long and beautiful fingers.

그녀는 학교에서 좋은 평가를 받아서 그 장학금을 받는데 어려움이 없었다.

She had good evaluations in her school and had little difficulty being awarded the scholarship.

그 회사는 매출이 증가하고 있다.

The company has growing sales/The company has sales growth.

원리

한국어는 주어나 보충어와 같은 명사구를 수식할 때 거의 예외 없이 전치 수식을 하게 된다. 반면에 **영어는 전치수식과 더불어 후치 수식이** 가능하다. 이런 점은 동격의 명사구에서도 나타나는데, 한국어는 동격의 명사구가 주어나 목적어 앞에서 수식(즉 부연)하는 반면에 영어는 **동격의 명사구가 주어나 목적어 뒤에서 수식하는 경우**도 많다.

예시

***Type* 1** 명사를 수식하는 형용사 절은 명사 뒤에서 수식

<u>흥미도 있으면서 배울 것이 있는 책을</u> 읽어라.

→ Read <u>a book (that is) both interesting and instructive.</u>

***Type* 2** 고유명사의 특질을 설명하는 동격은 고유명사 뒤에서 수식

<u>발명가 에디슨은</u> 노력가였다. → <u>Edison, the inventor,</u> was a hard worker.

다시쓰기

***Type* 1** 사람들은 **활달하고 좋은 성격을 가진 사람을** 좋아한다.

KE People like cheerful and good tempered those. (x)

EE <u>People like ______________________________.</u>

***Type* 1** **같은 교복을 입고 있는 학생들** 모두가 자신의 학교 팀을 응원했다.

KE In the same uniform all of the students cheered for their own school team. (x)

EE <u>All of the students ______________________ cheered for their school team.</u>

***Type* 2** **피터 한 이라는 이름의 남자가** 자유 수영분야에서 우승자가 되었다.

KE Peter Han, the man became a c hampion in fre e-style swimming. (△)

EE <u>______________________________ became a champion in free-style.</u>

***Type* 2** **한국 굴지의 자동차 회사인 대우자동차가** 파산 직전에서 비틀거리고 있었다.

KE One of the largest automakers in Korea, Daewoo Motors, was tottering on the verge of collapse. (△)

EE <u>______________________ in Korea, was tottering on the verge of collapse.</u>

정답: [those who are cheerful and good natured], [in the same uniform], [A man named Peter Han], [Daewoo Motors, one of the largest automakers]

***Type* 1**

우리는 **거리에서 쓰레기로 가득한** 수거함을 모아야 한다. (full of)

We should collect bins ______________________________.

그 여자는 **리본과 브로치로 장식된 모자를** 썼다. (with)

I wear ______________________________.

그는 2년 동안 **가구를 만드는 공장에서** 일해왔다. (factory)

He has worked at a factory ______________________________ for two years.

나는 **옆집에 사는** 그 부인을 종종 우연히 만난다. (next to)

I happen to encounter a lady ______________________________ to me.

책상 위에 놓아둔 열쇠를 나에게 가져다 줘라. (bring)

Please bring me ______________________________.

정답: [full of rubbish on the street], [a hat with ribbons and pins], [which makes furniture], [who lives next door], [the key on the desk]

***Type* 2**

애플의 전 CEO, 스티브 잡스는 새로운 아이폰을 소개할 때마다 검은 폴라티를 입었다. (the former Apple CEO)

______________________________ always wore black turtleneck whenever he presented a new iPhone.

유명한 아일랜드 록 그룹 U2가 서울에서 첫 한국 공연을 했다. (Renowned Irish band)

______________________________ performed its first Korea concert in Seoul.

정답: [Steve Jobs, the former Apple CEO], [U2, a renowned Irish band]

기 타

(고유명사 앞에서 수식하는 경우: 동격의 명사구가 대표성이 있을 때)

프랑스 대통령인 프랑스와 올랑드가 개회식에 참석했다. (French President)

______________________________ joined the beginning of the show.

성경의 첫 장 <창세기>가 영화로 만들어졌다. (Genesis)

Recently, ______________________________ was made into a movie.

정답: [French President Francois Halland], [the first book of the Bible, namely Genesis]

구문연습 II

Type 1

사진 속 그 여자는 머리 위에 물이 가득 든 단지를 이고 있다. (full of)

나는 머리에 꽃을 단 한 할머니를 보았다. (flower)

그는 포켓이 2개 있는 코트를 샀다. (pocket)

나는 길에서 훈장을 가슴에 달고 있는 한 퇴역 군인을 만났다. (badge)

최근에 산 차를 도난 당했다. (I bought)

Type 2

그리스의 수학자 피타고라스는 그 유명한 수학공식을 발견했다. (mathematician)

한국의 보이 그룹 방탄소년단이 빌보드 차트에서 1위를 차지했다. (Korean boy group)

스웨덴 대표 가구브랜드인 이케아는 한국 소비자들에게도 유명하다. (leading)

기 타

최근 도깨비라는 한국 드라마가 전 세계적으로 인기를 끌었다. (named 'Goblin')

구문연습 II 제시 답안

Type 1

사진 속 그 여자는 머리 위에 물이 가득 든 단지를 이고 있다.

The woman in the photo has a jar full of water on her head.

나는 머리에 꽃을 단 한 할머니를 보았다.

I saw an old lady with a flower in her hat.

그는 포켓이 2개 있는 코트를 샀다.

He bought a coat with two pockets.

나는 길에서 훈장을 가슴에 달고 있는 한 퇴역 군인을 만났다.

On the street, I met a veteran who was wearing a badge.

최근에 산 차를 도난 당했다.

The car I bought recently has been stolen.

Type 2

그리스의 수학자 피타고라스는 그 유명한 수학공식을 발견했다.

Pythagoras, a Greek mathematician, discovered the famous mathematical theorem.

한국의 보이 그룹 방탄소년단이 빌보드 차트에서 1위를 차지했다.

BTS, a Korean boy group, secured No 1 on the billboard chart.

스웨덴 대표 가구브랜드인 이케아는 한국 소비자들에게도 유명하다.

IKEA, a leading Swedish furniture brand, is famous to Korean consumers as well.

기 타

최근 도깨비라는 한국 드라마가 전 세계적으로 인기를 끌었다.

Recently, a Korean drama, namely "Goblin" has attracted a lot of attention around the world.

5-3 전치 수식 vs. 후치 수식(II)

원리

한국어에서는 전치 수식이 일반적이지만, **영어에서는 수식하는 형용사의 특징이나 수식을 받는 명사의 특징에 따라 후치 수식만 가능한 경우가** 있다. 후치 수식으로 쓰이면서 서술의 기능을 하는 형용사는 "afraid", "asleep", "alike", "alive" 등이 있다. 후치 수식만 받는 명사로는 "every thing/one", "something/one" 등이 있다.

예시

Type 1 주로 서술기능으로만 사용되는 형용사('afraid', 'asleep', 'alike', 'alive', 'aware' 등)는 명사 뒤에 존재

벌, 나비, 그리고 **비슷한 종**들도 위험에 처해 있다.

→ Bees, butterflies and **those alike** are in danger.

Type 2 '-one', '-body', '-thing', '-where' 로 끝나는 명사는 후치 수식만

나는 **차가운 무언가를** 원한다. → I need **something cold.**

Type 3 최상급, 'only', 'very' 등의 수식을 받는 명사를 수식하는 형용사는 명사 뒤에 존재

우리는 **가능한 최선의 치료법을** 발견했다. → We found **the best cure possible.**

다시쓰기

Type 1 그 사건으로 **그녀는** 돈의 중요성을 **깨달았다.**

KE The event made aware her about the vale of money. (x)

EE **The event ______________________ the value of money.**

Type 2 **관심있는 사람 누구나** 그 자리에 지원할 수 있다.

KE Interested anyone can apply for the position. (x)

EE **______________________ can apply for the position.**

Type 3 이 스토리는 **상상할 수 있는 가장 좋은 아이디어**이다.

KE The story is the greatest imaginable idea. (△)

EE **The story is ______________________.**

정답: [made her aware of], [Anyone interested], [the greatest idea imaginable]

Type 1

그 재미없는 영화는 **그 관객들 모두 졸게 만들었다.** (asleep)

The boring movie made ________________________________.

두 자매는 비슷해 보인다. 그러나 각기 다른 개성이 있다. (alike)

________________________________, but they have a different personality.

그는 **현존하는 가장 뛰어난 한국인 수영 선수다.** (alive)

He is ________________________________.

정답: [all the audience asleep], [The two sisters look alike], [the most talented Korean swimmer alive]

Type 2

구글 계정이 있는 사람 누구나 인터넷상에서 그 앱을 사용할 수 있다. (anyone)

________________________________ can use the app on the Internet.

우리는 어둠 속에서 **물컹거리는 무엇인가를** 밟았다. (something)

We stepped on ________________________________ in the dark.

나는 요즘 **무엇인가 흥미로운 것이 하나도 없다.** (nothing)

I have ________________________________ these days.

정답: [Anyone with a Google account], [something soft], [nothing interesting going on]

Type 3

이 사건에 **책임 있는 바로 그 사람이** 곧 처벌을 받게 될 것이다. (very)

________________________________ for the accident is going to be punished soon.

그가 화장에 **관심을 갖는 유일한 남자가** 아니다. (only)

He isn't ________________________________ in makeup.

그들은 그 호텔에서 **사용할 수 있는 가장 큰 방을** 예약했다. (largest)

They booked ________________________________ at the hotel.

정답: [The very person responsible], [the only man interested], [the largest room available]

구문연습 Ⅱ

Type 1

커피는 아이들을 밤새 깨어 있게 만들 수 있다. (awake)

팔찌 그리고 그와 유사한 것들이 한국 젊은이들 사이에서 유행 품목이 되고 있다. (alike)

그는 현존하는 가장 위대한 소설가이다. (alive)

Type 2

건강한 사람이라면 누구나 그 테스트를 통과할 수 있다. (anyone)

중국인 관광객들은 그곳에서 무엇인가 이상한 낌새를 알아차렸다. (something)

나는 말할 것이 특별히 없다. (nothing)

Type 3

송강호가 그 역에 적합한 바로 그 배우이다. (very)

그 소수민족이 이용할 수 있는 유일한 영양분은 염소의 젖 뿐이었다. (only)

그들은 생각해 볼 수 있는 가장 큰 어려움에 부딪혔다. (greatest)

참조 **3개이상의 형용사는 명사 뒤에서 수식한다.**

나는 **아름답고 지적이고 매력적인 여자**와 결혼하고 싶다.

→ I want to marry **a woman beautiful, intelligent, and charming.**

구문연습 Ⅱ 제시 답안

Type 1

커피는 아이들을 밤새 깨어 있게 만들 수 있다.

Coffee can make children awake all night.

팔찌 그리고 그와 유사한 것들이 한국 젊은이들 사이에서 유행 품목이 되고 있다.

Bangles and others alike become a trendy item among young Korean people.

그는 현존하는 가장 위대한 소설가이다.

He is the greatest novelist alive.

Type 2

건강한 사람이라면 누구나 그 테스트를 통과할 수 있다.

Anyone healthy can pass the test.

중국인 관광객들은 그곳에서 무엇인가 이상한 낌새를 알아차렸다.

The Chinese tourists recognized something suspicious there.

나는 말할 것이 특별히 없다.

I have nothing particular to say.

Type 3

송강호가 그 역에 적합한 바로 그 배우이다.

Song Kang-ho is the very actor suitable for the role.

그 소수민족이 이용할 수 있는 유일한 영양분은 염소의 젖 뿐이었다.

The only nutrients available for the ethnic minority are milk from goats.

그들은 생각해 볼 수 있는 가장 큰 어려움에 부딪혔다.

They faced the greatest difficulty imaginable.

5-4 무관사 vs. 지시사, 관사, 소유격

원리

한국어에서 소유 관계나 단/복수와 같은 수 개념이 잘 나타나지 않는 반면, **영어는 소유 관계, 한정성, 혹은 수 개념이 표현되는 관사 체제가 잘 발달**해 있다. 대신 한국어는 "이", "지", "그"와 같은 지시 관형사가 자주 사용된다.

예시

***Type* 1** 무관사 명사 수식이 관사 ('a', 'an', 'the')수식으로는
밤이 더 길어지고 있다. → **The nights** are getting longer.

***Type* 2** 무관사 명사 수식이 소유격 수식으로
그는 **40대 초반**이다. → He is in **his early 40s.**

***Type* 3** 이미 지시된 명사를 다시 언급할 경우 정관사 'the' 로
누가 이 날을 만들었으며 우리는 왜 **이 날을** 기념할까?
→ Who created this holiday and why do we celebrate **the day?**

다시쓰기

***Type* 1** 내가 정말 받기를 원하는 생일 선물은 **핸드폰이다.**

KE What I really want to have for my birthday present is cell phone. (x)

EE **What I really want to have for my birthday present is ________________.**

***Type* 2** **아기는** 어때요?

KE How's baby? (x)

EE **How's ________________?**

***Type* 3** **그 학생의 이름은** Hewett Kim이고 겨우 12살입니다.

KE Student's name is Hewett Kim and he is only 12 years old. (△)

EE **________________ is Hewett Kim, and he is only 12 years old.**

정답: [a cell phone], [your baby], [The student's name]

Type 1

선생님은 **폐교 소식에** 매우 절망했다. (news)

The teacher was very disappointed with ______________________.

개는 한국인이 가장 선호하는 애완동물이다. (dog)

______________________ that is most preferred by Korean people.

한국의 수도는 서울이다. (capital city)

______________________ is Seoul.

태양은 동쪽에서 뜨고 서쪽에서 진다 (sun)

______________________ and sets in the west.

정답: [the news that the school would be shut down], [A dog is the pet], [The capital city of South Korea], [The sun rises in the east]

Type 2

언니와 나는 **집으로 가는 길에** 노래를 부르곤 했다. (way)

My sister and I would sing a song ______________________.

우리는 **부모님과 함께** 이탈리아에서 **단체관광 중이다.** (package tour)

We are ______________________ in Italy.

그 승객은 **가방을** 버스에 **놓고 내렸다.** (leave)

The passenger ______________________ on the bus.

정답: [on our way home], [on a package tour with our parents], [left his bag]

Type 3

이 미니 선풍기는 작동하지 않는다. 가게에서 환불요청해야 한다. (mini portable fan)

______________________. We have to ask for a refund.

나는 **이 사진에서 중앙에 있는** 소년이다. (photo)

You can see me ______________________.

이 소설의 제목은 『채식주의자』이다. (novel)

______________________ is *Vegetarian*.

정답: [The mini portable fan doesn't work], [in the center of the photo], [The title of the novel]

구문연습 II

Type 1

소년은 그 사진에 매우 기뻐했다. (boy)

할머니와 엄마 그리고 손녀의 생일이 모두 같다.
(grandmother, mother and grandchild)

그는 6시에 퇴근했다. (office)

내가 초등학교 때는 만화책에 열광했었다. (passion)

Type 2

월요일 나는 학교 가는 길에 지폐 한 장을 주었다. (way to)

그 남자는 아내와 함께 식당안으로 황급히 들어왔다. (wife)

처음에는 어머니께서 나를 수업에 억지로 데려가야 했다. (lesson)

Type 3

이 수직 이착륙 비행 자동차는 'GYX'라 불립니다. (vertical take-off and landing aircraft)

이 책의 마지막 페이지에는 저자의 사진이 있다. (book)

이 영화의 제목은 <기생충>이다. (parasite)

구문연습 II 제시 답안

Type 1

소년은 그 사진에 매우 기뻐했다.

The boy was very happy with the pictures.

할머니와 엄마 그리고 손녀의 생일이 모두 같다.

The grandmother, mother, and grandchild share the same birthday.

그는 6시에 퇴근했다.

He left the office at 6 o'clock.

내가 초등학교 때는 만화책에 열광했었다.

Back in my elementary school days, I had developed a passion for comic books.

Type 2

월요일 나는 학교 가는 길에 지폐 한 장을 주었다.

On Monday, I found a bill on my way to school.

그 남자는 아내와 함께 식당안으로 황급히 들어왔다.

The man rushed into the restaurant with his wife.

처음에는 어머니께서 나를 수업에 억지로 데려가야 했다.

At first, my mom had to drag me to my lesson.

Type 3

이 수직 이착륙 비행 자동차는 'GYX'라 불립니다.

The vertical take-off and landing aircraft is called 'GYX'.

이 책의 마지막 페이지에는 저자의 사진이 있다.

The last page of the book contains the photo of the author.

이 영화의 제목은 <기생충>이다.

The title of the movie is "Parasite."

원리

한국어 **'의'**는 선행하는 명사와 함께 뒤따르는 명사를 수식하기 위해 자주 사용되는 조사 중 하나이다. 영어에서는 다양한 의미관계를 나타내는 "to", "for", "at", "on", "in" 등의 **여러 전치사가** 뒤의 명사와 함께 앞의 명사를 후치수식하는 것이 이에 상응한다고 볼 수 있다.

예시

***Type* 1** 목적이나 의도, 동기를 나타내는 표현은 'to', 'for', 'behind' 로

시간 관리가 그의 **성공의 주요 요인**이다.

→ Time management is **a key to his success.**

***Type* 2** 시간이나 공간 속의 위치 개념은 'at', 'on', 'in', 'for'로

그 은행의 경비요원은 친절했다. → **The security guard at the bank** was kind.

다시쓰기

***Type* 1** 정부는 **이 문제에 대한 실질적인 해결책을** 내놓아야 한다.

KE The government should come up with practical solutions of the problem. (x)

EE **The government should come up with ________________.**

***Type* 1** 종족 간의 갈등이 **우려의 원인**이다.

KE Ethnic conflict is a cause of concerns. (△)

EE **Ethnic conflict is ________________.**

***Type* 2** **연말의 물가는** 치솟는 경향이 있다.

KE The prices of the end of the year tend to be on the steep rise. (△)

EE **The prices ________________ tend to be on the steep rise.**

***Type* 2** **기차(의) 좌석**이 아직 **넉넉하다.**

KE We still have a lot of seats of the train. (△)

EE **We still have ________________.**

정답: [practical solutions to the problem], [a cause for concerns], [at the end of the year], [a lot of seats on the train]

구문연습 I

Type 1

화목한 가정은 **행복의 열쇠임이** 틀림없다. (key)

Harmonious family must be ______________________.

우려의 주요 원인 중 하나는 세계 경기 침체이다. (cause)

______________________ is global economic depression.

그는 **현 미국 대통령의** 상임 **고문이다.** (advisor)

He is a senior ______________________.

남북한 간 갈등의 해결책을 가능한 빨리 찾아야 한다. (solution)

______________________ should be found out as soon as possible.

한국의 눈부신 발전의 주요 원동력은 바로 교육이다. (driving force)

______________________ is "education".

정답: [the key to happiness], [One of the major causes for concern], [advisor to the current U.S. President], [Solutions to conflicts between two Koreas], [The driving force behind South Korea's stunning growth]

Type 2

전시회는 **천년 전의 그림들을** 전시하고 있다. (painting)

The exhibition displays ______________________.

연말의 행사와 파티가 주류업체들을 먹여 살린다. (the end of the year)

______________________ feed liquor companies.

그 사원은 **2018년(의) 세계 문화유적지로** 선정되었다.(world heritage site)

The monastery was listed ______________________.

주전자(의) 뚜껑이 어디 있지? (kettle)

Where did I put ______________________?

이 표로 지난 **30년간의 경기 변동을** 알 수 있다. (economic cycle)

This table shows ______________________.

정답: [paintings from 2,000 years ago], [Events and parties at the end of the year], [as a world heritage site in 2018], [a top for the kettle], [economic cycles for the past ten years]

구문연습 II

Type 1

이 문의 열쇠는 누가 가지고 있는가? (key)

사직의 이유 중 또 다른 것은 그녀의 건강이다. (reason)

이우석 포항공대 교수는 이전 정부의 자문관이었다. (advisor)

이 질문의 답이 '평화'라는 것은 분명하다. (answer)

우리는 이런 발표의 동기를 추측해 볼 수 있다. (motivation)

Type 2

전시회는 2천년 전의 도예품들로 시작한다. (ceramic objects)

연초의 커다란 목표들은 곧 쉽게 잊혀지는 경향이 있다. (the beginning of the year)

그 도시는 2020년 한국의 국민 관광지로 선정되었다. (tourist destination)

오늘이 30년 동안의 가장 추운 날이다. (30 years)

다음 편 비행기(의) 좌석을 예약하고 싶어요. (next flight)

Type 1

이 문의 열쇠는 누가 가지고 있는가?
Who has the key to the door?

사직의 이유 중 또 다른 것은 그녀의 건강이다.
Another reason for her resignation is a health issue.

이우석 포항공대 교수는 이전 정부의 자문관이었다.
Postech professor Lee Woo-suk acted as an advisor to the previous government.

이 질문의 답이 '평화'라는 것은 분명하다.
It is clear that the answer to the question is 'peace'.

우리는 이런 발표의 동기를 추측해 볼 수 있다.
We can speculate on some motivations for the announcement.

Type 2

전시회는 2천년 전의 도예품들로 시작한다.
The exhibition begins with ceramic objects from 2,000 years ago.

연초의 커다란 목표들은 곧 쉽게 잊혀지는 경향이 있다.
Most huge goals set at the beginning of the year tend to be easily abandoned.

그 도시는 2020년 한국의 국민 관광지로 선정되었다.
The city was selected as a tourist destination for people in South Korea in 2020.

오늘이 30년 동안의 가장 추운 날이다.
It is the coldest day in 30 years.

다음 편 비행기(의) 좌석을 예약하고 싶어요.
I would like to book a seat on the next flight, please.

6장
접속어가 달라요.

6-1 접속어미 vs. 대등접속어(and, but, or)

6-2 접속어미 vs. 상관접속어

6-3 접속어미 vs. 접속부사

6-4 접속어미 vs. 종속접속어

6-1 접속어미 vs. 대등접속사(and, but, or)

원리

문장과 문장을 연결할 때, 한국어는 담화상황에 의존하여 **연결어미**를 통해 자연스럽게 연결한다. 반면에 영어는 반드시 **접속사라는 매개체가** 필요하며 연결관계를 보다 세밀하고 분석적으로 밝혀주어야 한다. 영어에서는 대등한 위치의 단어나 구, 절을 이어주는 **등위 접속사 "and", "but", "or", "so", "for"**가 한국어의 다양한 연결어미를 대신하여 사용된다.

예시

Type 1 맥락상 연속, 화제 전환, 부가, 원인, 인과 등의 표현은 'and' 로
아빠는 키가 큰 **데,** 엄마는 아름다우시다.
→ My dad is tall, **and** my mom is beautiful. (화제전환)

Type 2 맥락상 대조, 대체 양보의 표현은 'but' 으로
그는 게으르**고** 그녀는 부지런하다. → He is lazy **but** she is diligent. (대조)

Type 3 단순 열거 또는 대체, 선택 등의 표현은 'or' 으로
그들은 교수**이거나** 교사일 것 같다. → They may be professors **or** teachers. (열거)

다시쓰기

Type 1 너희 선생님에게 **가서 물어보는 것은 어때?** (연속)
KE Why don't you go and then ask your teacher. (△)
EE Why don't you go ____________________?

Type 2 내 동생은 미남이 아니다. **그런데 머리는 정말 좋다.** (양보)
KE My brother is not good looking. By the way, he has got brains. (△)
EE My brother is not good looking, ____________________.

Type 3 **집도 직업도 가족도** 없는 사람이 있다. (열거)
KE There are people without homes, jobs and family. (△)
EE There are people without ____________________.

Type 3 서둘러라, **이러다 기차 놓칠라.** (인과)
KE Hurry up. If we do this, you will miss the train. (△)
EE Hurry up, ____________________.

정답: [and ask your teacher], [but he has got brains], [homes, jobs or family], [or you will miss the train]

구문연습 I

Type 1

우리는 스타벅스에 **가서 그 문제에 대해 논의하기 시작했다.** (연속)

We went to a Starbucks coffee shop ____________________.

한국 사람들 대부분은 **머리가 좋은데다 일도 열심히 한다.** (부가)

Most Korean people are ____________________.

"나는 돈을 모으기 위해 열심히 일했어요." "**그래서** 그 돈으로 **무엇을 하실 거예요?**" (화제전환)

"I have worked hard to save a lot of money." "____________________ with the money?"

날씨가 추워져서 하루 종일 집에서 **머물러야 한다.** (원인)

The weather is getting colder, ____________________ at home all day.

지금 공부를 열심히 하면 명문 대학에 **들어갈 거야.** (인과)

Study hard now, ____________________ a prestigious university.

정답: [and started to discuss the issue], [smart and hardworking], [And what are you going to do], [and I should stay], [and you will get into]

Type 2

그가 새로 산 차는 **세단이 아니라 SUV** 였어. (대체)

His new car was ____________________.

커피를 5잔이나 마셨는**데도 졸리다.** (양보)

I had five cups of coffee, ____________________.

그 짐은 부피가 **크지만 가벼워서** 내가 옮길 수 있다. (대조)

The baggage is ____________________, and I can carry it.

정답: [not a sedan but a SUV], [but I feel sleepy], [big but light]

Type 3

내 외국인 친구들은 **가까운 미래에 남북한이 통일 될지 안될지** 정말 궁금해 한다. (대체)

My foreign friends wonder ____________________.

세익스피어는 맥베스, **즉 그 스코틀랜드 연극을** 썼다. (부연)

Shakespeare wrote Macbeth, ____________________.

여기서 멈춰. **안 그러면 너희 둘 사이에 싸움이 날 거야.** (인과)

Stop now, ____________________

정답: [whether the Koreas will be reunified in the near future or not], [or the Scottish play], [or a dispute will arise between you]

Type 1

나는 가까이 다가가서 그 사건의 원인을 살폈다. (연속)

한국 여자 대부분은 예쁘고 똑똑한 데다가 친절하다. (부가)

"우리는 몇 시간 동안 얘기했다." " 그래서 어떤 결정을 내렸어요?" (화제전환)

날씨가 좋아져서 밖에서 놀고 싶다. (원인)

수업을 한번만 빠지면 넌 낙제야. (인과)

Type 2

빨간색이 아니라 파란색이었어. (대체)

피곤한 데도 잠이 오지 않는다. (양보)

나는 가난하지만 따뜻한 내 친구들이 그립다. (대조)

Type 3

내일 눈이 올지 안 올지 모르겠다. (대체)

그것은 물리학, 즉 물질과 에너지 그리고 그것들 간의 상호작용을 연구하는 학문이야. (부연)

좀 쉬어. 안 그러면 병이 날 거야. (인과)

Type 1

나는 가까이 다가가서 그 사건의 원인을 살폈다.
I got close up and saw what caused it to happen.

한국 여자 대부분은 예쁘고 똑똑한 데다가 친절하다.
Most Korean women are beautiful, smart and kind.

"우리는 몇 시간 동안 얘기했다." "그래서 어떤 결정을 내렸어요?"
"We talked for hours." "And what did you decide?"

날씨가 좋아져서 밖에서 놀고 싶다.
The weather is getting warmer, and I want to spend time outdoors.

수업을 한번만 빠지면 넌 낙제야.
Miss another class, and you will fail.

Type 2

빨간색이 아니라 파란색이었어.
It was not the red one but the blue one.

피곤한 데도 잠이 오지 않는다.
I am tired, but I can't sleep.

나는 가난하지만 따뜻한 내 친구들이 그립다.
I miss my poor but warm friends.

Type 3

내일 눈이 올지 안 올지 모르겠다.
I can't tell whether it will snow or not tomorrow.

그것은 물리학, 즉 물질과 에너지 그리고 그것들 간의 상호작용을 연구하는 학문이야.
It's physics, or the science of matter and energy and their interactions.

좀 쉬어. 안 그러면 병이 날 거야.
Take some breaks, or you'll get sick.

원리

문장과 문장을 연결할 때 사용되는 영어의 접속사 중에는 두 요소가 짝을 이뤄 하나의 접속사 역할을 하는 것이 있는 데, 이를 상관 접속사라 한다. 그 예로는 **"both A and B", "not A but B", "either A or B", "neither A nor B"** 등이 있다.

예시

Type 1 A와 B 둘 다를 표현할 때는 'Both A and B', 'not only A but also B'로
사라와 타미가 모두 나를 초대했다.
→ **Both Sarah and Tammy** invited me.
→ **Not only Sarah but also Tammy** invited me.

Type 2 A 또는 B는 either A or B로 A 또는 B 둘 다 아닌 것은 'Neither A nor B' 로
이것은 **아이들을 다치게 하거나 위험에 빠트리게 할 수 있다.**
→ This **either hurts** children or puts them in danger.
이 색은 **검정도 회색도 아니다**. → This color **is neither black nor grey**.

Type 3 A가 아니라 B 라는 표현은 'not A but B'로
이것은 **노래가 아니라 한편의 시다.** → This **is not a song but a poem.**

다시쓰기

Type 1 그 남자는 **눈도 안보이고 귀도 안들린다.**

KE He is deaf and blind. (△)

EE **He is ________________.**

Type 2 어쨌거나 **그도 나도** 어제 밤 술을 마시지는 **않았다.**

KE Anyway, he or I didn't drink last night. (x)

EE **Anyway, ________________ drank last night.**

Type 3 시합에서 중요한 것은 **승리가 아니라 참가이다.**

KE The most important thing in a game is to participate in it, not to win it. (△)

EE **The most important thing in a game is ________________.**

정답: [both deaf and blind], [neither he nor I], [not to win but to participate in it]

Type 1

박지성은 **일본어와 영어 둘다를** 할 줄 안다. (both and)

Ji-Sung Park can speak ______________________________.

수잔과 그녀의 언니는 모두 미인 대회에서 우승했었다. (both and)

______________________________ are winners of major beauty pageants.

규칙적인 운동은 **육체 건강 뿐만 아니라 정신건강에도** 영향을 미친다. (not only but also)

Regular exercise influences ______________________________.

한국 라면은 **맛도 좋을 뿐만 아니라 가격도 싸다**. (not only but also)

Korean noodle brands are ______________________________

정답: [both Japanese and English], [Both Susan and her sister], [not only physical health but also mental health], [not only delicious but also cheap]

Type 2

이 사진은 **원본이거나 뛰어난 합성 사진임에** 틀림없다. (either or)

This photo must be ______________________________.

한식당이나 중식당에 가는 게 좋겠다. (either or)

It is a good idea to go to ______________________________.

양측 모두 그 문제에 대해 한치도 양보하지 **않았다.** (neither)

______________________________ made a concession to the issue.

미국과 한국 정부 모두 주한미군에 대한 합의를 받아들이지 않았다. (neither nor)

______________________________ accepted the agreement about the U.S. Forces in South Korea.

정답: [either an original or an excellent composite image], [either a Korean restaurant or a Chinese restaurant], [Neither of them], [Neither the U.S. nor Korean government]

Type 3

내가 좋아하는 사람은 **너가 아니라 너의 언니이다.** (not but)

Who I like is ______________________________.

나는 그를 **돈 때문이 아니라 다정함 때문에** 좋아한다. (not but)

I like him ______________________________.

정답: [not you but your sister], [not for his money but for his great friendliness]

구문연습 II

Type 1

그 대사는 영어 뿐만 아니라 독일어도 할 줄 안다. (both and)

양쪽 모두 건강하며 스스로 호흡하고 있다. (both)

한국인 뿐만 아니라 다른 아시아인도 한국 대중가요를 사랑한다. (not only but also)

김치는 맛도 좋을 뿐만 아니라 영양이 풍부하다. (not only but also)

Type 2

이 그림은 원본이거나 뛰어난 카피임에 틀림없다. (either or)

로맨스 영화 또는 코미디 영화를 보는 것이 좋겠다. (either or)

그들 누구도 그 문제를 풀지 못했다. (neither)

일본과 한국 정부 모두 그 안건에 동의하지 않았다. (neither nor)

Type 3

내 남자친구는 바보같은 것이 아니라 재미있는 사람이다. (not but)

우리는 그를 그의 높은 지위 때문이 아니라 인격때문에 존경한다. (not but)

Type 1

그 대사는 영어 뿐만 아니라 독일어도 할 줄 안다.

The ambassador can speak both English and German.

양쪽 모두 건강하며 스스로 호흡하고 있다.

Both of them are healthy and breathing on their own.

한국인 뿐만 아니라 다른 아시아인도 한국 대중가요를 사랑한다.

Not only Koreans but also other Asians love K-pop.

김치는 맛도 좋을 뿐만 아니라 영양이 풍부하다.

Kimchi is not only delicious but also very nutritious.

Type 2

이 그림은 원본이거나 뛰어난 카피임에 틀림없다.

This painting must be either an original or an excellent copy.

로맨스 영화 또는 코미디 영화를 보는 것이 좋겠다.

It is a good idea to watch either a romance or a comedy.

그들 누구도 그 문제를 풀지 못했다.

Neither of them solved the problem.

일본과 한국 정부 모두 그 안건에 동의하지 않았다.

Neither the Korean nor the Japanese government agreed on the issue.

Type 3

내 남자친구는 바보같은 것이 아니라 재미있는 사람이다.

My boyfriend is not foolish but funny.

우리는 그를 그의 높은 지위 때문이 아니라 인격때문에 존경한다.

We respect him not for his high position but for his great personality.

6-3 접속어미 vs. 접속부사

원리

영어는 문장과 문장을 연결하기 위해서 접속사 외에도 **접속부사("however", "besides", "then" 등)**를 이용한다. 둘의 차이를 비교해 보면, 접속사는 '단어와 단어', '구와 구', '절과 절'을 연결시킬 수 있지만 **접속부사는 보통 '문장과 문장' 또는 '절과 절'** 만을 연결한다.

예시

***Type* 1** 양보의 맥락에서는 'however', 'nevertheless', 'nonetheless', 'still' 등으로

우리는 아직 한번도 게임에서 이기지 못했다. **하지만** 곧 해 낼 것이다.

→ We have not yet won a game. **However,** we can do it soon.

***Type* 2** 인과 관계를 나타내는 맥락에서는 'accordingly', 'consequently', 'hence' 등으로

좋은 근로 환경은 근로자의 업무 효율성을 높인다. **따라서** 전반적인 생산성이 향상된다.

→ A better working environment improve workers' performance. **Hence,** overall productivity becomes better.

***Type* 3** 정보의 부가를 나타내는 맥락에서는 'besides', 'furthermore', 'moreover' 등으로

그 공연은 훌륭했다. **게다가** 입장료도 받지 않았다.

→ The performance was great; **besides,** there was no admission charged.

다시쓰기

***Type* 1** 이 책은 상당히 비싸다. **그렇지만** 살 만한 가치가 있다.

KE This book is very expensive. But it's worth it. (△)

EE **This book is very expensive; ______________ it's worth it.**

***Type* 2** 우리는 그것에 대해 제대로 알지 못 했다. **따라서** 현명한 결정을 내리지 못했다.

KE We has no real knowledge. So we didn't make a wise decision. (△)

EE **We had no real knowledge; ______________ we didn't make a wise decision.**

***Type* 3** 그는 신발을 신고 있지 않았다. **게다가** 양말도 신지 않았다.

KE He didn't have his shoes on. And, he didn't have socks on. (△)

EE **He didn't have his shoes on; ______________ he didn't have socks on.**

정답: [however], [therefore], [moreover]

Type 1

우리 선생님이 그것을 제출하지 말라고 했다. **그러나 어쨌거나 난 보내 버렸다.** (however)
My teacher told me not to submit it. ______________________________.

올해 국내 경기가 좋았다. **그럼에도 우리 회사의 실적은 좋**지 않았다. (nevertheless)
The domestic economy has been good this year. ______________________________.

날씨가 무덥다. **그런데도 그는 밖에서 축구를 하고 있다.** (nonetheless)
It is muggy today; ______________________________.

정답: [However, I did it anyway], [Nevertheless, our company's performance hasn't been good], [nonetheless, he is playing soccer outside]

Type 2

바케트빵이 다 팔려 가게에 없었다. **그래서 우리는** 다른 형태의 빵을 **사야했다.** (therefore)
The store was out of baguettes. ______________________________
a different type of bread.

나는 수학에서 좋은 성적을 얻지 못했다. **그래서** 그 학교에 **지원하는 것을 포기했다.** (consequently)
I didn't get good grades in mathematics; ______________________________
the school.

우리는 오늘밤 네덜란드로 갈 것이다. **그래서** 이제 **공항으로 가야 한다.** (and hence)
I shall go to the Netherlands tonight ______________________________
now.

정답: [Therefore, we had to buy], [consequently, I gave up applying to], [and hence have to go to the airport]

Type 3

부산은 아름다운 해변이 많다. **더욱이** 해변 주위로 **즐길 거리가 많이 있다.** (in addition)
Busan has many beautiful beaches, ______________________________
near the beaches.

그 배우는 키도 크고 잘 생겼다. **게다가** 성격도 좋다. (and furthermore)
The actor is tall and handsome ______________________________ a good personality.

공공장소에서 침을 뱉는 검은 좋지않다. **게다가 그것은 불법이다.** (moreover)
Spitting in public places is not good manners; ______________________________

정답: [In addition, there are many attractions], [and furthermore he has], [moreover, it is illegal]

Type 1

나의 상사가 그것을 보내지 말라고 했다. 그러나 어쨌거나 난 보내 버렸다. (however)

올해 경기가 좋지 않았다. 그럼에도 우리의 영업은 잘 되었다. (nevertheless)

비가 엄청 왔다. 그런데도 그는 산책하러 밖에 나갔다. (nonetheless)

Type 2

감자칩이 다 팔려 가게에 없었다. 그래서 우리는 다른 형태의 쿠키를 사야했다. (therefore)

나는 인형을 좋아하지 않는다. 그래서 그것들을 집어 버렸다. (consequently)

나는 헝가리에 갈 것이다. 그래서 이제 이곳을 떠야 한다. (and hence)

Type 3

내 뒤에 이상한 남자가 있다. 더욱이 그가 나를 쳐다보고 있었다. (in addition)

스미스씨는 똑똑하고 정직하다. 게다가 경험자다. (furthermore)

운전하면서 문자 메시지를 하는 것은 위험하다. 게다가 그것은 불법이다. (moreover)

참조 'however', 'consequently', 'besides' 와 같은 접속부사들은 앞문장을 종결한 후, 다음 문장의 맨 앞의 위치에 나올 수 있으며, 앞 문장에 이어서 콤마(,)나 세미콜론(;)과 함께 위치할 수 있다. 또한 and 뒤에 위치할 수 있다

Type 1

나의 상사가 그것을 보내지 말라고 했다. 그러나 어쨌거나 난 보내 버렸다.
My boss told me not to send it. However, I did it anyway.

올해 경기가 좋지 않았다. 그럼에도 우리의 영업은 잘 되었다.
The economy hasn't been good this year. Nevertheless our sales have been strong.

비가 엄청 왔다. 그런데도 그는 산책하러 밖에 나갔다.
It was pouring outside; nonetheless, he went for his walk.

Type 2

감자칩이 다 팔려 가게에 없었다. 그래서 우리는 다른 형태의 쿠키를 사야했다.
The store was out of potato chips. Therefore, we had to buy a different type of snack.

나는 인형을 좋아하지 않는다. 그래서 그것들을 집어 버렸다.
I didn't like a dolls; consequently, I threw them away.

나는 헝가리에 갈 것이다. 그래서 이제 이곳을 떠야 한다.
I shall go to Hungary and hence have to leave here now.

Type 3

내 뒤에 이상한 남자가 있다. 더욱이 그가 나를 쳐다보고 있었다.
There was a weird man behind me. In addition, he was observing me.

스미스씨는 똑똑하고 정직하다. 게다가 경험자다.
Mr. Smith is smart and honest and furthermore he's experienced.

운전하면서 문자 메시지를 하는 것은 위험하다. 게다가 그것은 불법이다.
Texting while driving is dangerous; moreover, it is illegal.

6-4 접속어미 vs. 종속접속사

원리

한국어의 다양한 연결어미가 영어의 종속접속사로도 대응된다. **때, 조건, 양보, 이유 등의 맥락에서 '절과 절'을 연결할 때, 다양한 종속접속사를** 사용하여 논리 관계를 간결하게 나타낸다.

예시

***Type* 1** 시간을 나타내는 표현은 'when', 'while', 'before', 'after', 'until', 'since', 'as' 등으로

나는 거기 있는 **동안** 그 아트 박물관을 가 보았다.

→ I visited the art museum **while** I was there.

***Type* 2** 원인과 이유를 나타내는 표현은 'because', 'since', 'as' 등으로

컴퓨터가 생산성 증가를 가져왔기 **때문에,** 빌 게이츠가 억만장자가 된 것이다.

→ Bill Gates could make his billions **because** computers could increase productivity.

***Type* 3** 양보를 나타내는 표현은 'though', 'although', 'even if', 'even though', 'unless' 등으로

굉장히 아픈**데도** 일부러 와 주었다.

→ He came and saw me **though** he was very sick.

다시쓰기

***Type* 1** 오랜 시간이 흐르고 **나서야 그는 비로소 그 진실을 알게 되었다.**

KE After a long time, he realized the truth. (△)

EE **It was a long time** ______________________.

***Type* 2** 그 남자는 **공금을 횡령해서** 처벌을 받았다.

KE He embezzled public money, so he was punished. (△)

EE **He was punished** ______________________.

***Type* 3** **시합에서는 비록 졌지만,** 그래도 우리는 결승전 그 자체를 즐겼다.

KE We lost the match, but we enjoyed the final itself although. (△)

EE **We enjoyed the final itself** ______________________.

정답: [before he realized the truth], [because he embezzled public money], [although we lost the match]

***Type* 1**

우리는 돈벌이**에는** 약지 못한 사람이다. (when)

We are not smart ____________________ moneymaking.

나는 **고막이 찢어지도록** 음악을 들었다. (until)

I listened to music ____________________.

일단 충전되면 8시간 동안 그 기기는 사용할 수 있다. (once)

____________________ the device can be used for eight hours.

기말고사가 모두 끝나면 나는 여자친구를 만날 생각이다. (after)

I will meet my girl friend ____________________.

정답: [when it comes to], [until my eardrums split], [Once fully charged], [after all the final exams are over]

***Type* 2**

노인들 대부분은 일을 할 수가 없어서 정부가 그들을 금전적으로 보조해주어야 한다. (because)

____________________ the government should give financial support to them.

아침을 굶어서 지금 배가 많이 고프다. (as)

____________________ I am starving now.

교수님이 말한 것을 **이해할 수 없기 때문에** 나는 그 문제를 풀 수 없었다. (because)

I couldn't solve the problem ____________________ what the professor said.

정답: [Because most of the elderly can't work], [As I had no breakfast], [because I didn't understand]

***Type* 3**

내일 비가 안 오면 그 축제가 계획대로 개최될 것이다. (unless)

____________________ the festival will be held as planned.

비록 그 일에 실패해도 나는 도전을 계속할 것이다. (even if)

____________________ I will take challenge again and again.

그 도로에 속도 제한 팻말이 있었는데도 운전자들은 과속한다. (even though)

The drivers speed ____________________ on the road.

정답: [Unless it rains tomorrow], [Even if I fail in the project], [even though the speed limit signs are posted]

구문연습 II

***Type* 1**

중국인은 장사에 능한 사람으로 알려져 있다. (when)

눈물이 나도록 웃었다. (until)

내가 일단 피터를 픽업하고, 바로 너한테 전화 할께. (once)

부모님이 잠자리에 드시고 나면 나는 시끄러운 댄스음악은 들을 수 없다. (after)

***Type* 2**

아이가 미성년자라서 아직 부모가 보살펴야 한다. (because)

점심을 많이 먹었기 때문에 아직 배가 부르다. (as)

그가 말한 것을 이해할 수 없기 때문에, 나는 그 일을 마칠 수 없었다. (because)

***Type* 3**

내일 비가 안오면 우리는 바닷가로 소풍을 갈 것이다. (unless)

실패할 망정 그 사업을 포기하지 않겠다. (even if)

경고 팻말이 사방에 있었는데도 그들은 사냥을 하러 갔다. (even though)

Type 1

중국인은 장사에 능한 사람으로 알려져 있다.

The Chineses are said to be smart when it comes to business.

눈물이 나도록 웃었다.

I laughed until I cried.

내가 일단 피터를 픽업하고, 바로 너한테 전화 할께.

Once I've picked Peter up, I'll call you.

부모님이 잠자리에 드시고 나면 나는 시끄러운 댄스음악은 들을 수 없다.

I can't listen to loud dance music after my parents go to bed.

Type 2

아이가 미성년자라서 아직 부모가 보살펴야 한다.

Because the child is underage, his parents are still responsible for him.

점심을 많이 먹었기 때문에 아직 배가 부르다.

As I had a big lunch, I am still full.

그가 말한 것을 이해할 수 없기 때문에, 나는 그 일을 마칠 수 없었다.

I couldn't finish it because I didn't understand what he said.

Type 3

내일 비가 안오면 우리는 바닷가로 소풍을 갈 것이다.

Unless it rains tomorrow, we will go for a picnic on the beach.

실패할 망정 그 사업을 포기하지 않겠다.

Even if I fail, I won't give up the business.

경고 팻말이 사방에 있었는데도 그들은 사냥을 하러 갔다.

They went hunting even though the warning signs were posted everywhere.

제 2 부
표현

1장

명사가 달라요.

1-1 '바닥' vs. 'bottom', 'floor', 'ground'

원리

한국어에서는 건물의 내부와 외부의 특정 부분을 표현하는 데 엄격한 구분을 두지 않는 경우가 많지만, 영어에서는 명확한 구분을 하는 것이 일반적이다. 예를 들어 **한국어의 "바닥"**은 영어에서 사용 맥락에 따라 **"bottom", "floor", "ground"** 등의 다양한 명사로 대응된다.

예시

***Type* 1** 방향의 맨 아래를 나타내는 표현은 'bottom'으로
유가가 **바닥**으로 떨어졌다. → The oil price hit **the bottom.**

***Type* 2** 건물 바닥을 나타내는 표현은 'floor' 으로
그 시신은 부엌 **바닥**에 누워 있었다. → The body was lying on the kitchen **floor.**

***Type* 3** 지면을 나타내는 표현은 'ground'로
나는 그가 **땅바닥**에 누워 있는 것을 발견했다.
→ I found him lying on **the ground.**

다시쓰기

***Type* 1** 그는 다이빙을 해 들어가다가 **바닥에** 머리를 부딪혔다.

KE He dived in and hit his head on the ground. (x)

EE **He dived in and hit his head** ____________________.

***Type* 2** 엄마가 물을 **마루 바닥에** 쏟았다.

KE My mom spilled water on the bottom. (x)

EE **My mom spilled water** ____________________.

***Type* 3** 그는 **땅바닥으로** 넘어졌다.

KE He fell to the bottom. (x)

EE **He fell** ____________________.

정답: [on the bottom], [on the floor], [to the ground]

Type 1

바다의 바닥에는 많은 생명체가 산다. (bottom)

Many creatures live ______________________.

우물의 물이 **바닥까지** 줄어들었다. (bottom)

The water in the well dwindled down ______________________.

나는 왜 우리 팀의 성적이 **바닥을** 헤매고 있는지 전혀 알지 못한다. (bottom)

I don't have any idea about why the scores of our team remain closer ______________________

______________________.

그 주방장은 요리를 배우기 위해 **밑바닥부터 시작했다.** (from the bottom up)

The chef ______________________ to learn how to cook.

정답: [at the bottom of the ocean], [to the bottom], [to the bottom of the table], [started from the bottom up]

Type 2

이제 우리 아기가 **바닥을** 기어 다니기 시작했다. (floor)

Now, my baby starts to crawl ______________________.

바닥 위에 오래된 카펫은 교체해야 겠다. (floor)

You should change ______________________.

주방 바닥이 매우 미끄러워 넘어질 수 있다. (floor)

______________________ and you can fall down on it.

정답: [on the floor], [the old carpet on the floor], [The floor of the kitchen is very slippery]

Type 3

그는 **땅바닥에 가방을** 내려 놓았다. (ground)

He put ______________________.

쓰레기가 **바닥에서** 날리고 있다. (ground)

Litter is blowing ______________________.

빗방울이 **땅바닥에 떨어진다.** (ground)

Raindrops ______________________.

정답: [his bag down on the ground], [across the ground], [fall on the ground]

구문연습 II

Type 1

강 바닥은 평평하지 않다. (river)

비가 안 와서 호수의 물이 바닥까지 줄어들었다. (dwindle down)

우리 부모님은 내 성적이 왜 바닥을 헤매고 있는지 전혀 알지 못한다. (scale)

나는 그 일을 마스터 하기 위해 바닥부터 시작하고 싶다. (start)

Type 2

세상에나! 바닥에 있는 물은 뭐예요? (this water)

너는 이 바닥에 카펫을 꼭 깔아야만 한다. (stretch)

난 집에 오자 바닥에 쓰러졌다. (fall down)

Type 3

그 아주머니는 땅바닥에 양동이를 내려 놓았다. (put down)

나뭇잎들이 바람에 바닥에서 날리고 있다. (blew)

발 밑에서 땅이 움직인다고 느껴지면, 바로 바닥으로 엎드려라. (drop down)

***Type* 1**

강 바닥은 평평하지 않다.

The bottoms of rivers are not even.

비가 안 와서 호수의 물이 바닥까지 줄었다.

As it didn't rain, the water in the lake dwindled down to the bottom.

우리 부모님은 내 성적이 왜 바닥을 헤매고 있는지 전혀 알지 못한다.

My parents do not have any idea about why my scores remain closer to the bottom of the scale.

나는 그 일을 마스터 하기 위해 바닥부터 시작하고 싶다.

I would like to start from the bottom up to master the task.

***Type* 2**

세상에나! 바닥에 있는 물은 뭐예요?

Wow! What's all this water on the floor?

너는 이 바닥에 카펫을 꼭 깔아야만 한다.

You should stretch a carpet on the floor.

할머니는 자주 주방 바닥에 쓰러졌다.

My grandmother often fell down on the floor of the kitchen.

***Type* 3**

그 아주머니는 땅바닥에 양동이를 내려 놓았다.

The old lady put the buckets down on the ground.

나뭇잎들이 바람에 바닥에서 날리고 있다.

The leaves are blowing across the ground.

발 밑에서 땅이 움직인다고 느껴지면, 바로 바닥으로 엎드려라.

Drop down to the ground as soon as you feel the ground shaking beneath your feet.

1-2 '사실' vs. 'truth', 'fact', 'reality'

원리

한국어에서 말하는 방식이나, 말하는 내용 등의 진실성을 표현하는 **"사실"**을 영어로 옮기면, 말하는 방식이나 내용이냐 등에 따라 **"fact"**, **"truth"**, **"reality"** 등으로 구분되어야 한다.

예시

***Type* 1** 수집된 객관적인 정보라는 표현은 'fact' 로
그가 한국을 떠났다는 **사실**을 알게 되었다.
→ I am aware of **the fact** that he left Korea.

***Type* 2** 수집된 정보가 허위가 아니라는 표현은 'truth' 로
그게 **사실**인가요? (말하는 내용) → Is it **true?**

***Type* 3** 구체적으로 구현된 현실이라는 표현은 'reality' 로
우리는 꿈이 **사실(현실)이** 되기를 원한다.
→ We want to make the dream **a reality?**

다시쓰기

***Type* 1** **해는 동쪽에서 뜬다는 사실을** 누구나 안다.

KE Everybody knows the truth that the sun rises in the east. (x)

EE **Everybody knows** ______________________________.

***Type* 2** 그것은 **사실과** 전혀 다르다.

KE It is far from the fact. (△)

EE **It is far** ______________________________.

***Type* 3** 나는 **TV 리얼리티(사실)** 프로그램을 자주 시청한다.

KE I very often watch a truth TV show. (x)

EE **I very often watch** ______________________________.

정답: [the fact that the sun rises in the east], [from the truth], [a reality TV show]

Type 1

형사들은 목격자로부터 **진상을 들었다.** (fact)

The detectives ______________________ from an eyewitness.

변호사들이 **사실을 숨기는 것** 같다. (fact)

The lawyers seem to ______________________.

북한이 핵무기를 보유하고 있다는 사실은 놀라운 일이 아니다. (fact)

______________________ is not a surprise.

정답: [heard the fact], [hide the facts], [The fact that North Korea possesses nuclear weapons]

Type 2

인터넷 상에는 **사실보다 거짓 정보가 더 많다.** (true)

There is ______________________ on the Internet.

간단한 사실 하나는 이것이다. 너가 할 수 있으면 나도 할 수 있다. (true)

______________________ is this: I can do what you can do.

우리가 나쁜 의도를 가지고 한 말은 아니라는 것은 **사실이다.** (true)

______________________ we didn't mean that in a bad way.

정답: [more false information than true], [One simple truth], [It's true that]

Type 3

그 사건의 진짜 증거는 아무도 보지 못했다. (real)

Nobody finds ______________________.

다큐멘터리 <블랙 피쉬>는 **사실적 사건을 다루고 있다.** (real)

The documentary film "Black Fish" ______________________.

드디어 그 공상 영화 속 이야기가 **현실로 되었다.** (real)

Finally, episodes from the fantasy film ______________________.

정답: [the real proof in the case], [features a real affair], [have become reality]

구문연습 II

Type 1

뉴스는 진실이고, 사실만을 보도한다. (news media)

이 사실은 아주 명백하다. (as clear as glass)

그 사실에 대한 충격은 어느 정도 가셨다. (wear off)

Type 2

그의 말이 사실인지 의심스럽다. (his remark)

엄밀하게 보면 그것은 사실이 아니다. (strictly)

그가 자신의 부인을 사랑한다는 것은 사실이다. (wife)

Type 3

외계 생물체에 대한 진짜 증거는 누군가가 숨기고 있다. (proof)

그것은 소설만큼이나 무척 극적이긴 하다. 단 이것은 사실을 다룬다. (as dramatic)

세계는 99%의 사실과 1%의 공상으로 이루어져 있다. (consist of)

참조 **말하는 태도와 관련하여 농담이 아니라는 표현은 'serious' 로**

그게 **사실**인가요? (말하는 방식 언급) → Is it **serious?**

***Type* 1**

뉴스는 진실이고, 사실만을 보도한다.
News is true, and the news media only report facts.

이 사실은 아주 명백하다.
This fact is as clear as glass.

그 사실에 대한 충격은 어느 정도 가셨다.
Shock about the fact wore off to a certain degree.

***Type* 2**

그의 말이 사실인지 의심스럽다.
I doubt whether his remark is true.

엄밀하게 보면 그것은 사실이 아니다.
That is not strictly true.

그가 자신의 부인을 사랑한다는 것은 사실이다.
It's true that he loves his wife.

***Type* 3**

외계 생물체에 대한 진짜 증거는 누군가가 숨기고 있다.
Somebody hides the real proof that extraterrestrial life exists.

그것은 소설만큼이나 무척 극적이긴 하다. 단 이것은 사실을 다룬다.
It's just as dramatic as fiction, only it's a real story.

세계는 99%의 사실과 1%의 공상으로 이루어져 있다.
The world consists of 99% reality and 1% fantasy.

1-3 '주제' vs. 'theme', 'topic'

원리

한국어에서는 대화나 글이 다루는 내용의 핵심이 "주제"란 표현으로 사용된다. 하지만 이에 상응하는 **영어표현은 전체적으로 말하고자 하는 바인지, 다루고자 하는 분야인지에 따라 "theme", "topic", "subject" 등 구체적인 표현이 사용** 된다.

예시

***Type* 1** 글, 대화, 책, 회의 등의 전체 주제는 'theme'으로

이번 워크샵의 **주제**는 가정의 가치입니다.

→ **The theme** of this workshop is the value of family.

***Type* 2** 토론이나 글에서 말하고자 하는 부분적인 주제는 'topic'으로

이 구문의 **주제**문은 무엇인가? → What is the **topic** sentence of this passage?

다시쓰기

***Type* 1** **이 모임의 주제는** 매주 바뀐다.

KE The topic of the meeting is changed every week. (x)

EE ________________ **is changed every week.**

***Type* 1** 그 행사는 자연과 인간의 조화라는 **주제로** 개최되었다.

KE The event was held under the topic "Harmony between Nature and Humans". (x)

EE **The event was held** ________________ **"Harmony between Nature and Humans".**

***Type* 2** 종교적인 이슈는 **가벼운 대화의 주제로는** 좋지 않다.

KE Religious issues are not good themes for casual conversation. (x)

EE **Religious issues are not good** ________________.

***Type* 2** 올해의 포럼은 **광범위한 주제를** 다룰 것이다.

KE This year's forum will deal with a wide range of themes. (x)

EE **This year's forum will deal with** ________________.

정답: [The theme of the meeting], [under the theme], [topics for casual conversation], [a wide range of topics]

구문연습 I

Type 1

이번 전시회의 주제는 '미래로의 여행' 이다. (theme)

________________ is 'Exploration to our future'.

이 영화의 주제가는 영화 그 자체보다 인기가 더 좋다. (theme)

________________ is more popular than the movie itself.

박찬욱 감독이 만들었던 영화는 모두 **'복수'를 주제로 한** 변주들이었다. (theme)

Director Park's films were all variations ________________.

이 영화는 코미디이지만, 심층적으로는 **아주 진지한 주제를** 말하고 있다. (theme)

Although this movie is comedy, it has ________________.

비엔날레의 **메인 주제는** 개막식 전까지 늘 가려져 왔다.(theme)

________________ of the Biennale have always been veiled until the opening shows occur.

정답: [The theme of the exhibition], [The theme song], [on the theme of 'revenge'], [a more serious underlying theme], [The main themes]

Type 2

친구들과 대화의 주된 **주제는** 늘 취업이었다. (topic)

________________ with my friends was always 'getting a job'.

낙태는 많은 시간동안 **논란의 주제 였다.** (topic)

For many years, abortion has been ________________.

인구의 고령화는 **전 세계가 주목해야 할 주제**이다. (topic)

Aging population is ________________.

많은 여성 작가들은 여자 삶을 **소설의 주제로** 다룬다. (topic)

Many female writers place women's lives ________________.

에세이를 쓸 때는 **주제에** 벗어나지 말아야 한다. (topic)

You should stay ________________ when you write an essay.

정답: [The main topic of conversation], [a much debated topic], [a topic all nations should pay attention to], [as the topic of their novels], [on the topic]

구문연습 II

***Type* 1**

이번 투어 주제는 '부여 문화탐방'이다. (Exploration of Buyeo Culture)

이 영화의 주제가는 '러브송'이다. (Love Song)

이감독이 만든 영화는 모두 같은 주제에 대한 변주들이다. (all variations)

이 소설은 웃기기만 한 소설 같아 보이지만, 심층적으로는 아주 진지한 주제를 말하고 있다. (funny)

이번 전시회의 메인 주제를 외부에 발설해서는 안된다. (disclose)

***Type* 2**

그와의 대화의 주된 주제는 그의 새 여자친구였다. (conversation)

안락사는 많은 시간동안 논란의 주제였다. (euthanasia)

빈곤퇴치는 우리 모두가 주목해야 할 주제이다. (fighting poverty)

토론할 때는 주제에 벗어나지 말아야 한다는 것을 기억해야한다. (in debate)

기 타

그 화가는 야생동물들을 그림의 주제로 삼곤 했었다. (place)

참조 **'subject'은 'theme'이나 'topic'을 포괄하면서 보다 넓은 적용 범위에 사용**

종교적 신념은 민감한 대화 **주제**이다.

→ Religious belief is a touchy **subject** in conversation.

***Type* 1**

이번 투어 주제는 '부여 문화탐방'이다.
The theme of the tour is 'An Exploration of Buyeo Culture'.

이 영화의 주제가는 '러브송'이다.
The theme song is titled 'Love Song'.

이감독이 만든 영화는 모두 같은 주제에 대한 변주들이다.
Director Lee's films are all variations on the same theme.

이 소설은 웃기기만 한 소설 같아 보이지만, 심층적으로는 아주 진지한 주제를 말하고 있다.
Although it seems like just a funny novel, it has a more serious underlying theme.

이번 전시회의 메인 주제를 외부에 발설해서는 안된다.
The main theme of the exhibition should not be disclosed.

***Type* 2**

그와의 대화의 주된 주제는 그의 새 여자친구였다.
The main topic of conversation with him was his new girl friend.

안락사는 많은 시간동안 논란의 주제였다.
For many years, euthanasia has been a much debated topic.

빈곤퇴치는 우리 모두가 주목해야 할 주제이다.
Fighting poverty is a topic we all should pay attention to.

토론할 때는 주제에 벗어나지 말아야 한다는 것을 기억해야한다.
You should remember to stay on topic when you are in a debate.

기 타

그 화가는 야생동물들을 그림의 주제로 삼곤 했었다.
The painter used to place wild animals as the subject of his painting.

원리

한국어에서는 해결해야 할 어려움이나 다루어야 할 논의 주제를 모두 "문제"란 표현으로 사용한다. 하지만 이에 상응하는 영어표현은 **해결해야 할 어려움을 "problem"**으로, **다루어야 할 논의 주제를 "issue"**로 구분하여 사용된다.

예시

Type 1 해결해야 할 어려움이란 표현 'problem'으로
이 차는 큰 **문제**가 있다. → This car has a big **problem.**

Type 2 다루어야 할 논제란 표현은 'issue'로
기후변화는 우리 행성을 위해 논의해야 할 **문제**임에 틀림없다.
→ Climate change must be **an issue** which we have to tackle for our planet.

다시쓰기

Type 1 **이 회사의 주된 문제는** 현금이 부족하다는 것이다.
KE The main issue of the company is lack of cash. (x)
EE ________________________________ **is lack of cash.**

Type 1 높은 인플레이션은 **우리 경제에 심각한 문제를** 초래한다.
KE The high rate of inflation poses a serious issue for our economy. (x)
EE **The high rate of inflation poses** ________________________________.

Type 2 **정치적 문제는** 가볍게 이야기할 주제로는 좋지 않다.
KE Political problems are not a good problem for casual conversation. (x)
EE ________________________________ **are not a good topic for casual conversation.**

Type 2 **외교 문제 전문가인** 존 뱅크스는 한국을 자주 방문했다.
KE John Banks, an expert in diplomatic problems often visited Seoul. (x)
EE **John Banks,** ________________________________ **often visited Seoul.**

정답: [The main problem of the company], [a serious problem for our economy], [Political issues], [an expert in diplomatic issues]

Type 1

서울의 인구 집중은 **해결 가능한 문제**이다. (problem)

Overpopulation in Seoul is ______________________.

환경 문제를 다루기 위해서는 대책이 필요하다. (problem)

Measures are needed to deal with ______________________.

우리 가족은 **심각한 재정 문제가 생겨** 한국을 떠나야만 했다. (problem)

My family had to leave Korea ______________________.

이 책은 인간 사회의 **근본적인 문제들을** 다루고 있다. (problem)

This book deals with ______________________ in our human society.

한국 정부는 **미세먼지 문제** 해결을 위해 애쓰고 있다. (problem)

Korean government tries to solve ______________________.

정답: [a solvable problem], [our environmental problems], [due to serious financial problems], [fundamental problems], [the problem of fine dust pollution]

Type 2

비혼은 이 토론에 다루어야 할 **중요한 문제**이다. (issue)

Singles by choice are ______________________ that this discussion should deal with.

쌀 수입 문제와 같은 중요 문제들이 미국과의 FTA에서 제외되었다. (issue)

______________________ were excluded from the FTA with the U.S.

한국인들은 **수도이전 문제에 대해서** 입장이 양분되었다. (issue)

Korean people are divided ______________________.

양국의 장관들은 **그 문제를 논의하기 위해** 만났다. (issue)

Ministers of both countries came together ______________________.

<원차이나> 문제에 관한 수 많은 논쟁이 계속되고 있다. (issue)

There continues to be much debate ______________________.

정답: [an important issue], [Important issues including rice importation], [over the issue of capital relocation], [to discuss the issue], [over the issue related to the "One China Policy" issue]

구문연습 II

Type 1

서울의 교통혼잡은 해결 불가능한 문제인 것 같다. (insoluble)

점차 늘어가는 마약 문제를 다루기 위해서는 극단의 대책이 필요하다. (desperate measures)

우리 아버지는 건강에 심각한 문제가 생겨 회사를 그만두셨다. (quit)

이 연구는 우리 사회의 근본적인 문제들을 밝혀내는 것을 목표로 한다. (aim at)

각국은 저출산률 문제 해결을 위해 애쓰고 있다. (low birth rate)

Type 2

성형수술은 TV 시사 프로그램에서 다루어야 할 문제이다. (plastic surgery)

가장 뜨거운 문제 중 하나인 자동차 문제는 한미 FTA에서 제외되었다. (be excluded)

전 세계도 사형제도 문제에 대해서 입장이 양분되었다. (capital punishment)

우리는 그 문제를 논의하기 위해 몇 번 만났다. (several occasions)

재산세 문제에 관한 수 많은 논쟁이 계속되고 있다. (property tax)

참조 **"matter"는 심각한 어려움이 아닌 다루어야 할 "꺼리" 정도의 맥락에서 사용**
그것은 내용의 문제보다는 스타일의 **문제**이다. → It is **a matter** of style rather than content.

Type 1

서울의 교통혼잡은 해결 불가능한 문제인 것 같다.
Traffic congestion in Seoul seems to be an insoluble problem.

점차 늘어가는 마약 문제를 다루기 위해서는 극단의 대책이 필요하다.
Desperate measures are needed to deal with the increasing drug problems.

우리 아버지는 건강에 심각한 문제가 생겨 회사를 그만두셨다.
My father quitted his job due to a serious health problem.

이 연구는 우리 사회의 근본적인 문제들을 밝혀내는 것을 목표로 한다.
This study aims at identifying fundamental problems in our society.

각국은 저출산률 문제 해결을 위해 애쓰고 있다.
Each nation tries to solve the problem of low birth rates.

Type 2

성형수술은 TV 시사 프로그램에서 다루어야 할 문제이다.
Plastic surgery is an issue that TV current affairs shows should deal with.

가장 뜨거운 문제 중 하나인 자동차 문제는 한미 FTA에서 제외되었다.
Cars, one of the most contentious issues, were excluded from the FTA between Korea and the U.S.A.

전 세계도 사형제도 문제에 대해서 입장이 양분되었다.
Countries around the world are divided over the issue of capital punishment.

우리는 그 문제를 논의하기 위해 몇 번 만났다.
We have met on several occasions to discuss the issue.

재산세 문제에 관한 수 많은 논쟁이 계속되고 있다.
There continues to be much debate about the property tax issue.

원리

한국어에서도 단수와 복수의 수 구분이 존재한다. 복수성을 나타내기 위해 명사에 복수표지 "들"을 붙인다. 그러나 한국어 복수 표지 "들"은 반드시 해당 명사에 붙을 필요가 없고, 부사나 동사에 붙어 사건의 반복성과 복수성을 나타내기도 한다. 하지만 영어의 경우, **셀 수 있는 가산 명사의 복수 표지는 반드시 표시**해 주어야 한다.

예시

***Type* 1** 수표지가 없는 명사가 단수명사로

우리 아버지는 **작가이면서 교사**이다. → My father is **a writer and a teacher.**

***Type* 2** 수표지가 없는 명사가 복수명사로

나는 **팔과 다리가** 길다. → **My arms and legs** are long.

다시쓰기

***Type* 1** 그의 상사는 한때 **수영선수**였다.

KE His boss used to be swimmer. (x)

EE **His boss used to be ________________.**

***Type* 1** 그 협상은 보통 **곰처럼 느리게** 진행된다.

KE The agreement usually progresses as slowly as snail. (x)

EE **The agreement usually progresses ________________.**

***Type* 2** 본래 **안전벨트는** 경주용 차에만 사용되었다.

KE Originally, seat belt in car was used only for racing. (x)

EE **Originally, ________________ were used only for racing.**

***Type* 2** **일본의 노조는** 경영층과 매우 밀접하게 움직인다.

KE Japanese labor union works very closely with management. (x)

EE **________________ work very closely with management.**

정답: [a swimmer], [as slowly as a snail], [seat belts in cars], [Japanese labor unions]

***Type* 1**

고릴라는 야생 맹수로 볼 수 없다. (gorilla)

__________________ should't be seen as a fierce wild animal.

젊은 영어 학습자는 전자 사전에서 **단어를 찾는다.** (word)

Young English learners __________________ in an electronic dictionary.

나는 초등학교 때 **의사가 되겠다고 결심했다.** (doctor)

When I was an elementary school student, I __________________.

사실 인간과 보노보는 **같은 조상으로부터 왔다.** (ancestor)

Actually, human beings and bonobos __________________.

울산시는 올해 **새로운 핵발전소를 지을** 계획이다. (nuclear plant)

The Ulsan city government plans to start __________________ this year.

정답: [A gorilla], [look a word up], [decided to become a doctor], [share a common ancestor], [building a new nuclear plant]

***Type* 2**

상자를 열기 전에 먼저 **눈을 감아라.** (eye)

__________________ before you open the box.

그 회사는 연말에 **가난한 이웃에게 성금을 기증했다.** (neighbor)

The company __________________ at the end of the year.

우리 가족은 때때로 서로 티격태격 하지만 서로를 **사랑한다.** (family member)

__________________ each other even though we squabble with each other.

그들은 **꼭 쌍둥이 형제처럼** 행동한다. (twin brother)

They behave __________________.

하지만 그것은 **학생 모두에게** 막대한 손해를 입힐 수 있다. (student)

But it can inflict massive damage __________________.

정답: [Close your eyes], [donated money to their poor neighbors], [My family members love], [like twin brothers], [on all of the students]

Type 1

사자는 야생 맹수로 볼 수 있다. (fierce)

나는 그 의미를 찾아보기 위해 바로 사전에서 그 단어를 찾아보았다. (immediately)

우리 삼촌은 고등 학생일 때 정비사가 되겠다고 결심했다. (mechanic)

사실 인간은 두뇌가 큰 유인원에 더 가깝다. (large brain)

한국은 올해 기존의 컴퓨터 보다 50배 빠른 슈퍼컴퓨터를 만들기 시작할 계획이다. (operate)

Type 2

난 눈이 부셔서 제대로 눈을 뜰 수가 없다. (dazzled)

그 신발 회사는 거리노숙자들에게 200 켤레의 신발을 기증했다. (footwear company)

우리 가족은 수 년간 멀리 떨어져 살지만 명절에는 꼭 모인다. (family member)

그들은 꼭 형제 자매처럼 보인다. (brother and sister)

하지만 주한미군철수가 국가안보에 해가 될 수도 있다. (national security)

Type 1

사자는 야생 맹수로 볼 수 있다.
A lion can be seen to be a fierce wild animal.

나는 그 의미를 찾아보기 위해 바로 사전에서 그 단어를 찾아보았다.
I immediately looked the word up in a dictionary to find the meaning.

우리 삼촌은 고등 학생일 때 정비사가 되겠다고 결심했다.
When my uncle was a high school student, he decided to become a mechanic.

사실 인간은 두뇌가 큰 유인원에 더 가깝다.
Actually, a human being is more like an ape with a large brain.

한국은 올해 기존의 컴퓨터 보다 50배 빠른 슈퍼컴퓨터를 만들기 시작할 계획이다.
Korea plans to start building a supercomputer this year that can operate 50 times faster than any current existing.

Type 2

난 눈이 부셔서 제대로 눈을 뜰 수가 없다.
My eyes are so dazzled by the light that I can't open them.

그 신발 회사는 거리노숙자들에게 200 켤레의 신발을 기증했다.
The footwear company donated two hundred pairs of shoes for the homeless.

우리 가족은 수 년간 멀리 떨어져 살지만 명절에는 꼭 모인다.
My family members gather on holidays even though we have lived far apart for several years.

그들은 꼭 형제 자매처럼 보인다.
They look like brothers and sisters.

하지만 주한미군철수가 국가안보에 해가 될 수도 있다.
But the withdrawal of U.S. forces from South Korea could damage its national security.

1-6 동일 명사 반복 vs. 다양한 기제

원리

지시(REFERENCE)란 단어와 그 단어가 실세계에서 가리키는 것 사이에 존재하는 관계를 의미한다. 이런 지시 방식이 한국과 영어가 다르다. 한국어에서는 같은 지시물에 대해 같은 단어를 반복하거나 문맥에서 알 수 있는 경우 생략하는 방식을 선호하지만 영어는 **대명사와 동의어, 상위어 등 다양한 방식으로 나타내는 것을 선호**한다.

예시

***Type* 1** 반복된 명사를 대명사로

스미스 국방부 장관이 사임했다. **스미스 장관은** 오늘 아침 사임 결정을 발표했다.

→ Defense Minister Smith has resigned. **He** announced his decision this morning.

***Type* 2** 반복된 명사를 동의어나 상의어로

서울대는 한국 최고 학교이다. 또한 서울대는 오랜 전통을 자랑하기도 한다.

→ SNU is South Korea's top school. **The educational institution** is famous for a long tradition.

다시쓰기

***Type* 1** 우리 엄마는 올해 마흔 세 살이시다. **엄마는 서울에서 태어나셨고** 네 살 때 부산으로 이사 오셨다.

KE My mom is 43 years old. My mom was born in Seoul and moved to Busan at the age of 4. (△)

EE My mom is 43 years old. ________________ and moved to Busan at the age of 4.

***Type* 2** 남자 아이 한 명이 옥상에 올라갔다. **그 남자 아이는 우리 집 옆에 사는 애 같다.**

KE There's a boy climbing on that roof. A boy seems to live next to the door. (x)

EE There's a boy climbing on that roof. ________________.

***Type* 2** 10년 전에 존이 메리를 나에게 처음 소개 시켜주었다. **메리는 그 당시 세계적인 최고 경영자가 되고 싶어하는 야망 찬 소녀였다.**

KE John introduced Mary to me. Mary was an ambitious girl dreaming of becoming one of the top CEOs in the world. (△)

EE John introduced Mary to me. ________________.

정답: [She was born in Seoul], [The boy/He seems to live next door], [The ambitious girl was dreaming of becoming one of the top CEOs in the world]

***Type* 1**

이모는 집으로 가버렸다. 우리 엄마의 잔소리를 **못 견딘 것이다.** (she)

My aunt has gone to her home. ______

her sister's nagging anymore.

나는 길에서 그 남자아이들을 만났다. **그들은** 같은 교회를 **다닌다고 한다.** (they)

I met the boys on the street. ______

the same church.

탐은 메리를 오랫동안 쫓아 다녔다. 하지만 **메리는** 다른 남자와 **사랑에 빠졌다.** (she)

Tom has chased after Mary for a long time. However, ______

another guy.

술 구매가 쉬워져, 점차 많은 청소년들이 술을 마신다. (its)

A growing number of youths drink alcohol ______.

정답: [She could not stand], [They said that they attended], [she falls in love with], [due to its ease of purchase]

***Type* 2**

에디슨은 전구를 발명하기 위해 천 번 이상의 실패를 맛보았다. 하지만 결국 그것을 발명하는 데 **성공했다.** (the inventor)

Edison failed more than 1,000 times before the invention of light bulb. But, ______

______ creating it.

나는 어제 포도와 사과를 많이 샀다. **그들은** 내가 가장 좋아하는 과일들**이다.** (fruit)

I bought grapes and apples yesterday. ______

my favorite food.

3차 산업혁명 시대가 끝났다. **3차 산업 혁명 시대에는** 사람들은 부를 쉽게 축적할 수 있었다. (revolutionary)

The third industrial revolution ended. ______

people could accumulate easily.

K3는 국내에서 생산된다. 또한 **전량** 해외 시장에서 팔리고 있다. (car)

All K3 cars are produced in South Korea and ______

are sold in overseas markets.

이 영화는 이창동이 제작했다. **이창동은** 여러 훌륭한 영화를 **만들었다.** (Mr. Lee)

This film is produced by Chang-dong Lee. ______

several great films.

정답: [the inventor finally succeeded in], [These fruits are], [In this revolutionary era], [all of these cars], [Mr. Lee has directed]

Type 1

제이슨은 뉴욕에 가버렸다. 서울생활을 못 견딘 것이다. (stand)

마리아는 그 강아지들을 자신의 친구에게 주었다. 그 강아지는 다시 새로운 주인을 만난 것이다. (puppy)

훈은 미옥을 오랫동안 쫓아다녔다. 하지만 미옥은 훈을 좋아하지 않는다. (chase)

인터넷 사용법이 쉬워져, 점차 많은 노년층들이 인터넷에 접속한다. (ease of use)

Type 2

문재인 대통령은 북한의 김정은 국방위원장을 만났다. 김정은 국방위원장은 처음으로 서울을 방문한 것이다. (Chairman of the National Defense Commission)

우리는 홍콩 가는 7시 비행기를 타야 한다. 그런데 강풍으로 그 비행기가 연기되었다. (put off)

4차 산업혁명 시대가 도래했다. 4차 산업혁명 시대에는 로봇이 인간노동자를 대체하게 될 것이다. (dawn)

K5는 국내에서 생산된다. 또한 전량 국내 시장에서 팔리고 있다.
(the domestic market)

이 책은 이문열이 쓴 소설이다. 이문열은 한국의 유명 소설가로 수 많은 베스트셀러 소설을 썼다. (writer)

Type 1

제이슨은 뉴욕에 가버렸다. 서울생활을 못 견딘 것이다.
Jason has gone to New York. He could not stand his life in Seoul.

마리아는 그 강아지들을 자신의 친구에게 주었다. 그 강아지는 다시 새로운 주인을 만난 것이다.
Maria gave her friend the puppies. They got a new owner again.

훈은 미옥을 오랫동안 쫓아다녔다. 하지만 미옥은 훈을 좋아하지 않는다.
Hun has chased after Mi-ok for a long time. However, the girl doesn't like him.

인터넷 사용법이 쉬워져, 점차 많은 노년층들이 인터넷에 접속한다.
A growing number of the aged access the Internet thanks to its ease of use.

Type 2

문재인 대통령은 북한의 김정은 국방위원장을 만났다. 김정은 국방위원장은 처음으로 서울을 방문한 것이다.
President Moon Jae-in met Kim Jong-un, Chairman of the National Defense Commission. The North Korean leader visied Seoul for the first time.

우리는 홍콩 가는 7시 비행기를 타야 한다. 그런데 강풍으로 그 비행기가 연기되었다.
We need to catch the 7 o'clock flight to Hong kong. But the heavy storm has forced us to put off our schedule.

4차 산업혁명 시대가 도래했다. 4차 산업혁명 시대에는 로봇이 인간노동자를 대체하게 될 것이다.
The fourth industrial revolution has dawned. In this revolutionary era, robots will take place of human workers.

K5는 국내에서 생산된다. 또한 전량 국내 시장에서 팔리고 있다.
The K5 cars are produced in South Korea. All of these cars are sold in the domestic market.

이 책은 이문열이 쓴 소설이다. 이문열은 한국의 유명 소설가로 수 많은 베스트 셀러 소설을 썼다.
This is a novel written by Moon-yel Lee. The famous Korean writer wrote many best sellers.

2장

대명사가 달라요.

2-1 ‘어떻게’ vs. ‘how’, ‘what’

2-2 부정확한 소유관계 vs. 정확한 소유관계

2-1 '어떻게' vs. 'How', 'What'

원리

한국어 "어떻게"라는 표현이 **영어로는 "how"**로 대응하기도 하지만, 때때로 **"what"**으로 대응하는 경우가 있다. 따라서 "how"와 "what" 두 가지 표현에 대해 유의하여 적절한 표현을 선택하는 것이 중요하다. 보통, **"how"는 부사 등 선택적 기능일 경우에 "what"은 문장 내 목적어 기능 등 필수 요소일 경우에** 선택된다.

예시

***Type* 1** 문장 내 부사적 기능 등 선택적 기능일 경우 'how'로

우리는 세계가 **어떻게** 돌아가고 있는지 이해하지 못한다.

→ We don't understand **how** the world works.

***Type* 2** 문장 내 목적어 기능 등 필수 요인일 경우 'what' 으로

이 책에 대해 **어떻게** 생각하니? → **What** do you think of this book?

다시쓰기

***Type* 1** 그가 자신의 가족들과 즐거운 시간을 보냈는지 우리가 **어떻게 확신할 수 있을까?**

KE What can we be sure he had a great time with his family? (x)

EE ______________________ **that he had a great time with his family?**

***Type* 1** 이 연구는 **에이즈를 어떻게 예방할 수 있는지를** 보여준다.

KE This research shows what to prevent against AIDS. (△)

EE **This research shows** ______________________.

***Type* 2** **어떻게 해야 할지** 모르겠다.

KE I don't know how to do. (x)

EE **I don't know** ______________________.

***Type* 2** 그 차량 번호는 **어떻게 되죠?**

KE How's the license plate number of the vehicle? (x)

EE ______________________ **the license plate number of the vehicle?**

정답: [How can we be sure], [how to prevent AIDS], [what to do], [What's]

***Type* 1**

우리들은 **수 많은 행성들이 어떻게 탄생했는지** 배웠다. (how)

We learned ____.

이 영화는 **유인원이 어떻게 인간으로 진화되는지를** 보여준다. (how)

The movie shows ____.

일이 어떻게 되가는 지 좀 내게 말해 줘라. (how)

Please tell me ____.

나는 그 베트남 학생들에게 그 한국어 단어가 **어떻게 발음되는 지를** 알려주었다. (how)

I taught the Vietnamese students ____________________ the Korean word.

눈이 많이 내리면 **너의 기분은 어떠니?** (how)

____ when it snows a lot?

정답: [how numerous planets were created], [how apes evolved into humans], [how things are going], [how to pronounce], [How do you feel]

***Type* 2**

어떤 점이 인간을 다른 동물과 다르게 **만들고 있는가?** (what)

____ different from other animals?

그 회사와 **계약 조건이 어떻게 됩니까?** (terms)

____ with the company?

만약 인간이 새처럼 **날 수 있으면 어떻게 될까?** (what if)

____ like birds?

내가 비밀을 폭로하면 **어떻게 되는지** 알지요. (happen)

You know ____________________ when I disclose the secret.

너의 사촌은 어떻게 생겼니? (look like)

____ look like?

정답: [What makes humans], [What are the terms of the contract], [What if human beings could fly], [what will happen], [What does your cousin]

Type 1

그 뉴스는 중국 전역에서 그 바이러스가 어떻게 확산되고 있는지를 보도했다. (spread)

이 책은 우주가 어떻게 진화되는지를 보여준다. (evolve)

일이 어떻게 될지 모르겠다. (turn out)

나는 그 아이들에게 한국어 철자를 어떻게 읽는지를 알려주었다. (Korean alphabets)

아침에 비가 오면 너의 기분은 어떠니? (feel)

Type 2

여기에 어떻게 오셨어요? (bring)

그 거래 조건이 어떻게 됩니까? (terms)

만약 우리가 슈퍼맨처럼 날 수 있다면 어떻게 될까? (what if)

내 말 안 들으면 어떻게 되는지 알지요? (listen to)

탐의 아이들은 어떻게 생겼니? (look like)

***Type* 1**

그 뉴스는 중국 전역에서 그 바이러스가 어떻게 확산되고 있는지를 보도했다.
The news reported how the virus was spreading across China.

이 책은 우주가 어떻게 진화되는지를 보여준다.
The book shows how the universe evolves.

일이 어떻게 될지 모르겠다.
I don't know how things will turn out.

나는 그 아이들에게 한국어 철자를 어떻게 읽는지를 알려주었다.
I taught the children how to read the Korean alphabets.

아침에 비가 오면 너의 기분은 어떠니?
How do you feel when it rains in the morning?

***Type* 2**

여기에 어떻게 오셨어요?
What brings you here?

그 거래 조건이 어떻게 됩니까?
What are the terms of the deal?

만약 우리가 슈퍼맨처럼 날 수 있다면 어떻게 될까?
What if we could fly like Superman?

내 말 안 들으면 어떻게 되는지 알지요?
You know what happens when you don't listen to me.

탐의 아이들은 어떻게 생겼니?
What do Tom's children look like?

원리

한국어에서는 문장안에서 주어와의 소유관계가 있는 명사 표지에서 별 다른 소유관계를 표시하지 않거나 '자신의'와 같은 표현을 사용하여 그 관계를 표시한다. 영어의 경우는 **주어의 인칭에 따라 그에 맞는 소유격을 표시하여 그 소유관계를 표시**한다.

예시

***Type* 1** 주어와 소유관계를 나타내는 명사를 한정하는 경우 'my; 'your', 'his', 'her', 'our', 'their'로

나는 **학교 숙제를** 다 끝냈다. → I have done **my homework.**

***Type* 2** 주어와의 소유관계를 나타내는 '자신'과 같은 표현은 my; 'your', 'his', 'her', 'our', 'their'로

그가 **자신의 여동생을** 내게 소개 시켜주었다.

→ He introduced **his sister** to me.

다시쓰기

***Type* 1** 그는 **상처가** 다 아물었다.

KE He recovered from injury. (△)

EE He recovered ______________________.

***Type* 1** 나는 3살 때 **부모님을 잃었다.**

KE I lost parents when I was three years old. (x)

EE ______________________ when I was three years old.

***Type* 2** 그 아이들은 **자신들의 장점을** 공책에 적었다.

KE Children listed virtues on the notebook. (x)

EE Children listed ______________________.

***Type* 2** 그들은 **자신의 의견만을** 고수했다.

KE They just stick to view. (x)

EE They just stick to ______________________.

정답: [from his injury], [I lost my parents], [their virtues on the notebook], [their views]

Type 1

나는 오늘 **내가 가장 좋아하는 뮤지컬,** 레미제라블을 보았다. (my)

Today I watched ______________________, Les Miserables.

아버지는 마산에서 **사업체를 운영하고 계신다.** (his)

My father has ______________________ in Masan.

그 여자는 **다른 사람에게 근심을** 감추고 싶어한다. (her)

She wants to conceal ______________________.

건강을 증진시키기 위해서는 살을 빼라.

You should lose weight ______________________.

당신의 음식에 대한 탐욕이 **건강을 해칠지도** 모른다. (ruin)

Your desire for food may ______________________.

정답: [my favorite musical], [his own business], [her anxiety from others], [to improve your health], [harm your health]

Type 2

출판사를 그만두고 그는 **자신의 소설을 쓰기 시작했다.** (his)

Afrer leaving the publishing company, he ______________________.

그 범죄자는 **자신의 범죄에 대해 대가를 치루어야 한다.** (his)

The criminal has to ______________________.

그들은 대중 앞에서 **자신의 아이디어를 발표했다.** (their)

They ______________________ to the audience.

바이올린 연주자들은 어린 바이올린 연주자들에게 **자신만의 연주법을 가르쳤다.** (their)

Violinists teach young players ______________________.

한국과 일본 외무 장관은 그 문제에 대해 **자신들의 목소리를 높였다.** (their)

The foreign ministers from South Korea and Japan ______________________

about the issue.

정답: [started writing his novel], [be punished for his crime], [presented their ideas], [their own techniques], [raised their voices]

구문연습 II

Type 1

이것은 제가 가장 좋아하는 꽃 튤립입니다. (favorite)

우리 삼촌은 자신의 고향 양양군에 집이 한 채 있다. (house)

그 여자는 억지 웃음으로 근심이 가득한 마음을 감췄다. (forced smile)

시간을 잘 관리하세요. (time)

당신의 야망이 계획을 망칠 지도 모른다. (ruin)

Type 2

대학을 그만두고 그녀는 자신의 회사를 설립했다. (found)

그 범죄자는 자신의 행동을 반성했다. (reflect on)

그녀는 자신의 행동에 대해서 변명같은 말은 한 마디도 하지 않았다. (conduct)

화가들은 자신의 그림에 다양한 기법을 사용한다. (techniques)

그들은 자신들의 사업이 세계적으로 뻗어 나가길 기대하고 있다. (expand)

***Type* 1**

이것은 제가 가장 좋아하는 꽃 튤립입니다.
This is my favorite flower, a tulip.

우리 삼촌은 자신의 고향 양양군에 집이 한 채 있다.
My uncle has his house in Yang-yang Gun, his hometown.

그 여자는 억지 웃음으로 근심이 가득한 마음을 감췄다.
She hid her anxiety with a forced smile.

시간을 잘 관리하세요.
You should manage your time wisely.

당신의 야망이 계획을 망칠 지도 모른다.
Your ambition may ruin your plan.

***Type* 2**

대학을 그만두고 그녀는 자신의 회사를 설립했다.
Dropping out the college, she founded her company.

그 범죄자는 자신의 행동을 반성했다.
The criminal reflected on his conduct.

그녀는 자신의 행동에 대해서 변명같은 말은 한 마디도 하지 않았다.
She didn't say anything to justify her conduct.

화가들은 자신의 그림에 다양한 기법을 사용한다.
Painters use various techniques in their pictures.

그들은 자신들의 사업이 세계적으로 뻗어 나가길 기대하고 있다.
They hope to expand their business worldwide.

3장
동사가 달라요.

Real English

3-1 어휘 병렬 vs. 어휘 융합

원리

한국어는 어휘를 연쇄적으로 병렬하는 경향이 있고, 이에 비해 **영어는 어휘를 융합하여 사용**하는 경향이 있다. 예를 들어 "그는 역까지 걸어 갔다"의 한국어 **"걷다"와 "가다"**가 영어로는 하나의 단어 **"walk"**로 나타난다. 영어의 이러한 어휘 융합은 동사 범주 뿐 아니라 명사와 같은 다른 품사 범주에서도 흔히 발견된다.

예시

***Type* 1** '명사 + 동사' 표현이 '단일 동사'로

어제는 **비가 왔다.** → It **rained** yesterday.

***Type* 2** '동사 + 동사' 표현이 '단일 동사' 또는 '동사 + 부사'로

그는 집 밖으로 **뛰어 나갔다.** → He **ran out** of the house.

다시쓰기

***Type* 1** 그 외국인이 **우리에게 손짓을 했다.**

KE The foreigner talked to us in sign language. (△)

EE The foreigner ____________________.

***Type* 1** 그 아이들은 **기뻐서 눈물을 흘렸다.**

KE The children shed tear for happiness. (△)

EE The children ____________________.

***Type* 2** 그는 **방으로 뛰어 들어 갔다.**

KE He ran and entered the room. (△)

EE He ____________________.

***Type* 2** 근로자는 좁은 공간에 **너무 많은 옷가지들을 쑤셔 넣었다.**

KE The worker put too many clothes into a tight space. (△)

EE The worker ____________________ into a constricted space.

정답: [signed to us], [wept with happiness], [ran into the room], [jammed/squeezed too many clothes]

구문연습 I

Type 1

집에 도착했을 때 **눈이 내리기 시작했다.** (snow)

When I came home, it ______________________________.

많은 외국인들은 **한국인이** 개고기를 먹는 관습에 **눈살을 찌푸린다.** (frown)

Many foreigners ______________________________ for the practice of eating dog meat.

그 신사는 **노숙자에게 미소를 지어 보였다.** (smile)

The gentleman ______________________________.

80년대 대학생들은 **정의를 위해 피를 흘리는 것을** 두려워 하지 않았다. (bleed)

College students in the 80s didn't fear ______________________________.

잠을 잘 때, 너의 몸을 따뜻하게 하세요. (sleep)

______________________________, keep your body warm.

정답: [started snowing], [frowned upon Koreans], [smiled at the homeless people], [to bleed for justice], [When you sleep]

Type 2

그들은 우리에게서 **모든 것을 빼앗아갔다.** (take away)

They ______________________________ from us.

그 고양이가 집안의 **모든 쥐를 내쫓아버렸다.** (drive away)

The cat ______________________________ from the home.

그들은 **공중으로 뛰어올랐다.** (jump into)

They ______________________________.

최근 죽은 물고기 사체가 그 해변으로 **밀려들어 왔다.**(wash up)

In recent days, the dead bodies of fish ______________________________ on the beaches.

많은 기름이 폭침된 유조선에서 **흘러 들어왔다.** (leak from)

______________________________ the blown-up oil tanker.

정답: [took everything away], [drove away all the mice], [jumped into the air], [have washed up], [Much oil leaked from]

구문연습 II

Type 1

스웨덴 공항에 도착하자 마자 눈이 내렸다. (snow)

그의 무례한 태도에 참석자들은 눈살을 찌푸리다. (frown)

그는 자신의 엄마 곁에 있는 그 여인에게 미소를 지어 보였다. (smile)

1980년대에는 많은 한국 젊은이들이 그 나라의 민주주의를 위해 피를 흘렸다. (bleed)

어제 밤 한숨도 잠을 잘 수 없었다. (sleep)

Type 2

그 골이 그 팀의 승리를 빼앗아갔다. (take away)

누가 주차해둔 내 차를 들이받고 도망갔다. (drive away)

그 개는 새를 잡기 위해 공중으로 뛰어올랐다. (jump into)

파도가 밀려 나갔을 때 우리는 모래사장에 이름을 새겼다. (go out)

곧 진흙탕 물이 부실하게 건설된 댐으로부터 흘러왔다. (flow from)

Type 1

스웨덴 공항에 도착하자 마자 눈이 내렸다.

When I arrived at the Swedish airport, it started snowing.

그의 무례한 태도에 참석자들은 눈살을 찌푸리다.

His rude manner was frowned upon by those present.

그는 자신의 엄마 곁에 있는 그 여인에게 미소를 지어 보였다.

He smiled at the lady staying with his mother.

1980년대에는 많은 한국 젊은이들이 그 나라의 민주주의를 위해 피를 흘렸다.

In the 1980s, many young Korean people bled for the nation's democracy.

어제 밤 한숨도 잠을 잘 수 없었다.

Last night I could not sleep at all.

Type 2

그 골이 그 팀의 승리를 빼앗아갔다.

The goal took victory away from the team.

누가 주차해둔 내 차를 들이받고 도망갔다.

Somebody hit my parked car and drove away.

그 개는 새를 잡기 위해 공중으로 뛰어올랐다.

The dog jumped into the air to catch the bird.

파도가 밀려 나갔을 때 우리는 모래사장에 이름을 새겼다.

When the tide went out, we wrote our names on the sand.

곧 진흙탕 물이 부실하게 건설된 댐으로부터 흘러왔다.

Shortly after, muddy water flowed from the poorly constructed dam.

원리

한국어는 "있다"와 같은 존재 구문을 통해 소유를 표현하는 반면, 영어는 **"have"와 같은 소유 구문을** 통해 표현한다. 따라서 한국어는 "-에(게) -가 있다"와 같이 대상의 위치적 존재를 통해 소유 개념을 표현하는 것이 일반적인 반면, 영어는 소유 의미를 갖는 "have", "get", "belong to" 등의 동사를 통한 표현 비중이 높다.

예시

***Type* 1** '있다'와 '없다'와 같은 존재의 유무가 'have'를 통한 소유 표현으로
그에게는 또 다른 걱정거리가 **있다.** → He **has** other things to worry about.

***Type* 2** '이다'와 '아니다'로 나타내는 상태를 'belong to'를 통한 소유 표현으로
대마도는 한때 한국 영토**였다.**
→ Tsushima island used to **belong to** Korea.

다시쓰기

***Type* 1** 그 차는 너무 작고 **트렁크가 없다.**

KE The car is too small and there is no trunk in the car. (x)

EE **The car is too small and it** ______________.

***Type* 1** 현대의 유라시아에도 **대형 포유류는 많다.**

KE There are many big mammals in Modern Eurasia. (△)

EE **Modern Eurasia also** ______________.

***Type* 2** 나는 그 **골프클럽의 회원이다.**

KE I am a member of the golf club. (△)

EE **I** ______________.

***Type* 2** 당신과 나는 **정치적 진영이 다르다.**

KE Your political camp is different from mine. (△)

EE **You and I** ______________.

정답: [has no trunk], [has many species of big mammals], [belong to the golf club], [belong to different political camps]

구문연습 I

***Type* 1**

그 계약에는 보상과 관련하여 **약간의 문제가 있다.** (have)

The contract ______________________________ regarding compensation.

이 영화는 **그 나름의 여러 가지 배울 점이 있다.** (have)

This movie ______________________________.

이 선수에게 **관심을 보이는** 다른 팀들이 **하나도 없다.** (get)

The player ______________________________ from the other teams.

우리에게는 새로운 대통령을 뽑을 **권리가 있다.** (have)

We ______________________________ to elect a new President.

안전을 기하기 위해 비행기 안에서는 **엄격한 안전 수칙이 있다.** (have)

The flight ______________________________ to ensure safety.

정답: [has some problems], [has its own lesson], [doesn't get any attention], [have the right], [has strict safety regulations]

***Type* 2**

이 건물은 **소유주가 없다.** (belong to)

This building ______________________________.

스포츠 동아리에 가입한 거 있나요? (belong to)

Do you ______________________________?

그 새로운 보이 그룹은 **대형 연예 기획사에 속해 있다.** (belong to)

The new boy group ______________________________.

그 핸드백은 **실종된 사람의 것이다.** (belong to)

The handbag ______________________________.

오키나와는 **예전에 일본땅이 아니었다.** (belong to)

Okinawa ______________________________.

정답: [belongs to nobody], [belong to any sports clubs], [belongs to a major entertainment agency], [belongs to the missing person], [didn't use to belong to Japan]

구문연습 II

Type 1

새로 산 스마트폰은 녹음기능에 문제가 있다. (problem)

이 책에는 제 나름의 여러 가지 재미가 있다. (pleasure)

나한테 관심을 보이는 남자가 하나도 없다. (attention)

인간이 자신들을 위해 동물을 실험용으로 사용할 권리가 없다. (right)

스포츠에는 엄격한 행동 수칙이 있다. (sports)

Type 2

이 건물은 누구의 소유인지 아무도 모른다. (nobody)

대학에서 어떤 동아리에 가입 했었나요? (club)

당신과 나는 서로 다른 정당소속으로 있다. (political party)

그 뼈는 매머드, 낙타, 말, 사슴의 뼈이다. (bone)

독도는 당연히 한국 땅이다. (question)

***Type* 1**

새로 산 스마트폰은 녹음기능에 문제가 있다.

My new smartphone has some problems with voice recording.

이 책에는 제 나름의 여러 가지 재미가 있다.

This book has its own pleasures.

나한테 관심을 보이는 남자가 하나도 없다.

I don't get any attention from men.

인간이 자신들을 위해 동물을 실험용으로 사용할 권리가 없다.

We human beings don't have the right to use animals for experiments.

그 스포츠에는 엄격한 행동 수칙이 있다.

The sport has a strict code of conduct.

***Type* 2**

이 건물은 누구의 소유인지 아무도 모른다.

Nobody knows whom this building belongs to.

대학에서 어떤 동아리에 가입 했었나요?

What clubs did you belong to when you were in college ?

우리는 서로 다른 정당 소속으로 있다.

You and I belong to different political parties.

그 뼈는 매머드, 낙타, 말, 사슴의 뼈이다.

The bones belong to mammoths, camels, horses, and deer.

독도는 당연히 한국 땅이다.

Dokdo island belongs to Korea without any question.

원리

한국어는 목적어나 주어가 사람이냐 사물이냐에 따라 다른 형태의 동사를 사용한다. 반면 **영어는 사람과 사물을 구분하지 않고 같은 형태의 동사를 이용하기도** 한다. 이것은 영어의 물질 중심적인 사고방식의 반영이라고 볼 수 있다.

예시

***Type* 1** 사람 또는 사물을 상대로 한 행위

엄마가 **나를** 학교에 **데려다 주셨다.** → My mom **took me** to the school.

엄마가 **그 가방을** 학교에 **가져다 주셨다.**

→ My mom **took the bag** to the school.

***Type* 2** 사람 또는 사물이 주체가 된 행위

그는 인도양에서 배 한대가 침몰했다고 **말했다.**

→ He **said** that a boat sank in the Indian Ocean.

뉴스보도에 **따르면** 인도양에서 배 한대가 침몰했다.

→ The news report **said** that a boat sank on the Indian Ocean.

다시쓰기

***Type* 1** 나는 주로 아침에 **머리를 감는다.**

KE I usually rinse my hair in the morning. (△)

EE **I usually ________________ in the morning.**

***Type* 1** 나는 주로 오후에 **옷을 빤다.**

KE I usually clean my clothes in the afternoon. (△)

EE **I usually ________________ in the afternoon.**

***Type* 2** **경찰은** 이 요인들을 증거로서 **지적했다.**

KE The police show these factor as evidence. (△)

EE **The police ________________ these factors as evidence.**

***Type* 2** **그 표지판은** 서울을 **가리키고 있었다.**

KE The signpost shows the direction of Seoul. (△)

EE **The signpost ________________ the direction of Seoul.**

정답: [wash my hair], [wash my clothes], [pointed to], [pointed in]

Type 1

그가 **나를** 역에 **내려주었다.** (drop off)

He ______________________________ at the station.

그는 나를 위해 **서류를 가져다 주었다.** (drop off)

He ______________________________ for me.

미안하지만, **우리는** 지금 **여유가 없어요.** (available)

I am sorry but ______________________________ now.

현재 저희 호텔에는 **제공할 수 있는 큰 객실이** 없습니다. (available)

This hotel doesn't have ______________________________ at the moment.

데이트 파트너를 집까지 **데려다 주는 것은** 상식이다. (take)

It is natural for you ______________________________ to her home.

나는 **수리된 TV를** 집에 **가져왔다.** (take)

I ______________________________ back home.

정답: [dropped me off], [dropped off some documents], [we are not available], [any large rooms available], [to take your date partner], [took the fixed TV set]

Type 2

우리 아버지는 모든 일에 **최선을 다하라고 가르치신다.** (teach)

My father ______________________________ in everything.

그 책은 모든 일에 **최선을 다하라는 교훈을 준다.** (book)

The book ______________________________ in everything.

그 과학자는 지구의 자연적 순환 주기가 지구온난화에 영향을 미친다고 **말한다.** (say)

______________________________ that the natural cycle of the earth influences global warming.

그 TV 뉴스는 석탄과 가스 사용이 지구온난화를 야기시킨다고 **보도한다.** (say)

______________________________ that coal and gas consumption results in global warming.

정답: [teaches me to do my best], [teaches me to do my best], [The scientist says], [The TV news show says]

구문연습 II

Type 1

엄마가 우리를 기차역에 내려주었다. (us)

그가 나 대신에 그 꾸러미를 가게에 가져다 주었다. (package)

현재의 직원들은 너무 바빠서, 그 신규 프로젝트에 투입될 수 없다. (employee)

점심시간 동안에는 해설 서비스가 제공되지 않는다. (counseling service)

그 경찰관은 그 소년을 집까지 데려다 주었다. (the boy)

나는 점심도시락을 들고 가야한다. (lunchbox)

Type 2

우리 선조들은 후손들에게 부모를 공경하라고 가르쳤다. (ancestor)

그 드라마는 누구도 믿지 말라는 교훈을 준다. (TV drama)

그 기자는 지진이 포항에서 발생했다고 말했다. (reporter)

그 신문에 지진이 포항에서 발생했다는 기사가 났다. (newspaper)

Type 1

엄마가 우리를 기차역에 내려주었다.
My mom dropped us off at the train station.

그가 나 대신에 그 꾸러미를 그 가게에 가져다 주었다.
He dropped off the package at the shop instead of me.

현재의 직원들은 너무 바빠서, 그 신규 프로젝트에 투입될 수 없다.
The employees are so busy and they are not available for the new project.

점심시간 동안에는 해설 서비스가 제공되지 않는다.
The counseling service is not available during a lunch break.

그 경찰관은 그 소년을 집까지 데려다 주었다.
The police officer took the boy to his home.

나는 점심도시락을 들고 가야한다.
I must take a lunchbox with me.

Type 2

우리 선조들은 후손들에게 부모를 공경하라고 가르쳤다.
Our ancestors taught their offspring to respect their parents.

그 드라마는 누구도 믿지 말라는 교훈을 준다.
The TV drama teaches us not to trust anyone.

그 기자는 지진이 포항에서 발생했다고 말했다.
The reporter said that the earthquake took place in Pohang.

그 신문에 지진이 포항에서 발생했다는 기사가 났다.
The newspaper said that the earthquake took place in Pohang.

3-4 '말하다' vs. 'say', 'tell', 'speak'

원리

한국어에서는 **"말하다"라는 동사가 다양한 맥락을 포괄하여 사용**되지만, **영어는 맥락에 따라 "say", "tell", "speak"** 등 다양한 동사를 사용한다. 영어의 "say" 동사는 직접인용에서 "He said, 'I will go home'"에서와 같이 사용되고, 간접인용일 경우 간접목적어가 없을 때는 "say", 간접목적어가 있을 때는 "tell"이 사용된다.

예시

Type 1 직접인용과 함께 쓰이거나 간접인용에서 간접목적어가 없을 때 '말하다'는 'say'로
"안녕하세요"라고 그가 **말했다.** → "Hello!" he **said.**

Type 2 간접인용에서 간접목적어가 수반될 때 '말하다'는 'tell'로
어디 사는지 **말해요.** → **Tell** me where you live.

Type 3 외국어나 연설을 하는 상황의 '말하다'는 'speak'로
그는 **프랑스어를 말할** 줄 안다. → He **speaks French.**

다시쓰기

Type 1 내가 **할 말이** 있어.

KE I have something to tell. (x)

EE I have something ______________________.

Type 2 누구에게도 **말 안 하겠다고** 약속해.

KE Promise you won't say anyone. (x)

EE Promise you won't ______________________.

Type 3 **대중 앞에서 이야기 하는 것은** 내게 어렵다.

KE Public saying is too tough for me. (x)

EE ______________________ too tough for me.

정답: [to say], [tell anyone], [Public speaking is]

***Type* 1**

"나는 너가 무엇을 하려는 지 알겠어? **그가 말했다.** (say)

"I know what you are trying to do," ________________.

일부에서는 부모의 과잉보호가 아이들을 망친다고 **말한다.** (say)

________________ that excessive parenting ruins children.

나 대신 **그에게 감사하다고 말해줘.** (say)

Please ________________ for me.

많은 대학생들은 등록금이 너무 비싸다고 **말한다.** (say)

________________ (that) college tuition fees are too high.

정답: [he said], [Some say], [say thanks to him], [Many college students say]

***Type* 2**

내가 영화를 보고 난 후에 **스토리를 말해 줄게**! (tell)

I'll ________________ after I watch the movie.

만약 문제가 계속된다면, 그러면 **우리는 너의 선생님에게 말해야 한다.** (tell)

If the problem continues, then ________________.

탐과 멜리사는 자신들이 결혼할 예정이라고 **모두에게 말했다.** (tell)

Tom and Melissa ________________ that they were going to be married.

정답: [tell you about the story], [we will have to tell your teacher], [told everybody]

***Type* 3**

네덜란드 사람들 대부분이 **여러 개의 언어를 구사할 줄 안다.** (speak)

Most Dutch people can ________________.

정치인은 많은 사람들 앞에서 **말해야 할 때가 많다.** (speak)

A politician ________________ in front of many people.

우리 선생님은 **수업시간에 단조로운 톤으로 이야기를 하신다.** (speak)

My teacher ________________.

정답: [speak several languages], [has to speak], [speaks in a boring tone in a class]

구문연습 II

Type 1

"학교요? 저는 학교에 다닌 적이 없어요." 그 소년은 말했다. (attend)

일부에서는 소설을 영화화하는 것이 이야기를 망친다고 말한다. (others)

그가 너에게 한 말을 나한테 말해봐. (what he said to you)

그 남자는 대기업에 다닌다고 말했다. (he works in)

Type 2

내가 먼저 읽고 난 후에 말해 줄게! (about the story)

너가 반 친구들 괴롭히는 것을 멈추지 않는다면, 나는 너의 부모님에게 말할 수 밖에 없다. (bully)

부모님들은 자신들이 곧 이혼할 예정이라고 우리에게 말했다. (divorced)

Type 3

우리 둘 다 영어와 일본어를 말할 줄 안다. (both English and Japanese)

아나운서는 많은 사람들 말할 수 있어야 하는 직업이다. (in front of many people)

입안에 음식이 있을 때는 말하지 말아라. (eat)

참조 **둘 이상의 대화에서 누군가와 '말하다'는 "talk"로**

그들 대다수가 **이야기** 상대가 없다. → Most of them have no one **to talk to.**

전화 상이나 대화에서 "말을 걸다"의 표현은 "speak to"로

그와 **통화할 수 있을까요?**. → **May I speak to** him?

Type 1

"학교요? 저는 학교에 다닌 적이 없어요." 그 소년은 말했다.
"School? I've never attended one before" said the boy.

일부에서는 소설을 영화화하는 것이 이야기를 망친다고 말한다.
Some say that turning a novel into a movie ruins the story.

그가 너에게 한 말을 나한테 말해봐.
Tell me what he said to you.

그 남자는 대기업에 다닌다고 말했다.
The man said (that) he worked in a big company.

Type 2

내가 먼저 읽고 난 후에 말해 줄게!
I'll tell you about the story after I finish reading it.

너가 반 친구들 괴롭히는 것을 멈추지 않는다면, 나는 너의 부모님에게 말할 수 밖에 없다.
Unless you stop bullying your classmates, I will have to tell your parents about it.

부모님들은 자신들이 곧 이혼할 예정이라고 우리에게 말했다.
My parents told us that they were going to get devoiced.

Type 3

우리 둘 다 영어와 일본어를 말할 줄 안다.
Both of us can speak English and Japanese.

아나운서는 많은 사람들 말할 수 있어야 하는 직업이다.
An announcer should be able to speak in front of many people.

입안에 음식이 있을 때는 말하지 말아라.
Don't speak when you have food in your mouth.

3-5 '오다', '가다' vs. 'come', 'go'

원리

한국어 이동동사는 화자의 현 위치로 다가가는 것을 "오다"로, 현 위치에서 멀어지는 것을 "가다"로 표현하면서 **비교적 규칙대로 사용**되지만, **영어 "come"과 "go"** 동사는 한국어에 비해 **다소 복잡한 방식으로 사용**된다. 화자 자신 보다는 상대방의 입장에서도 "go"와 "come"이 사용되는 경우가 많다.

예시

***Type* 1** 화자가 관찰자의 시점인 맥락에서는 'go' 로

사람들이 계속에서 **들어왔다 나갔다** 하고 있다.

→ The people were **going in and out.**

***Type* 2** 화자와 청자가 같은 방향으로 이동하는 맥락에서는 'come'으로

저기로 **가라.** → **Come over** there, please.

다시쓰기

***Type* 1** 나는 **어제** 일요일이었지만 **일하러 갔다.** (지금 직장에 없는 상황)

KE I came to work yesterday even though it was Sunday. (△)

EE I ________________ **even though it was Sunday.**

***Type* 1** **당신이 애플사로 옮기면** 다시는 못 돌아올 것이다. (외부에서 관찰자 시점으로 봤을 경우)

KE Once you have gone to Apple, you can't come back. (x)

EE **Once you have gone to Apple,** ________________.

***Type* 2** 휴이트는 **제니가 자신의 졸업식에 와줄지가** 궁금하다. (기대를 가지고 말할 때)

KE Hewett wonders if Jenny goes to his graduation. (△)

EE **Hewett wonders if** ________________.

***Type* 2** 오늘밤 우리와 **클럽에 가겠니?** (말하는 사람도 같이 가는 경우)

KE Are you going to the club with us tonight? (△)

EE ________________ **with us tonight?**

정답: [went to work yesterday], [you can't go back], [Jenny will come to his graduation], [Are you coming to the club]

***Type* 1**

많은 사람들이 일요일 마다 **교회에 간다.** (go)

Many people ______________________ every Sunday.

컴퓨터 비디오 게임 전시 행사인 G-star가 곧 열린데. **너는 갈 거니?**
(말하는 사람은 안 갈 경우: go)

G-star, the exhibition for computer and video games takes place soon. ______________________ ?

나는 다음달에 **고국으로 돌아갈 것이다.** (듣는 사람이 돌아갈 목적지에 없는 경우: go)

I will ______________________ next month.

밖에 나가서 강아지와 함께 산책 좀 해라. (말하는 사람은 나가지 않는 경우: go)

______________________ and take a walk with your puppy.

정답: [go to church], [Will you go], [go back home], [Please go out]

***Type* 2**

수업 마치고 **제인 생일 파티에** 나랑 **가자.** (말하는 사람도 갈 경우: come)

After school, ______________________ with me.

그들은 모두 **인도네시아에서 왔다.** (come)

All of them ______________________.

나는 다음달에 **고국에 돌아갈 것이다.** (듣는 사람이 돌아갈 목적지에 있는 경우: come)

I will ______________________ next month.

오늘밤 우리 회사에서 연말 파티를 열거야. **너 갈 거니?**
(말하는 사람이 목적지에 갈 경우: come)

My company is going to have an year-end party tonight. ______________________ ?

엄마, 집에 6시에 **갈게요.** (전화상: come)

Mom, ______________________ at 6 o'clock.

정답. [come to Jane's birthday party], [came from Indonesia], [come back home], [Will you come], [I'll come home]

구문연습 II

Type 1

많은 사람들이 산책 삼아 자주 그 곳으로 간다. (for a walk)

제인이 오늘 밤 파티를 열거야. 너 갈 거니? (말하는 사람이 파티에 안 갈 경우)

나는 다음달에 한국에 돌아갈 것이다. (듣는 사람이 한국에 없는 경우)

밖에 나가서 좀 노는 게 어때. (말하는 사람은 나가지 않는 경우)

Type 2

그래, 수업을 빼먹고 나랑 가자. (with me)

그것의 이름은 킬트이고 스코트랜드에서 왔다. (from Scotland)

나는 다음달에 한국에 돌아갈 것이다. (듣는 사람이 한국에 있는 경우)

제인이 오늘 밤 파티를 열거야. 너 갈 거니? (말하는 사람이 파티에 갈 경우)

내가 너의 사무실에 3시에 가겠다. (전화상)

참조

'come' 이 관용적으로 쓰일 때

2018년 평창 동계올림픽이 **막바지로 접어들고 있다.**

→ The 2018 Pyeongchang Winter Olympics will **come to an end** soon.

그의 아버지의 죽음으로 많은 돈이 **그의 수중에 들어갔다.**

→ A lot of money **came into his hands** upon his father's death.

구문연습 II 제시 답안

Type 1

많은 사람들이 산책 삼아 자주 그 곳으로 간다.
Many people often go there for a walk.

제인이 오늘 밤 파티를 열거야. 너 갈 거니?
Jane is going to throw a party tonight. Will you go?

나는 다음달에 한국에 돌아갈 것이다.
I will go back to Korea next month.

밖에 나가서 좀 노는 게 어때.
Why don't you go out and have fun?

Type 2

그래, 수업을 빼먹고 나랑 가자.
Well, skip the class and come with me!

그것의 이름은 킬트이고 스코트랜드에서 왔다.
Its name is Kilt and it comes from Scotland.

나는 다음달에 한국에 돌아갈 것이다.
I will come back to Korea next month.

제인이 오늘 밤 파티를 열거야. 너 갈 거니?
Jane is going to throw a party tonight. Will you come?

내가 너의 사무실에 3시에 가겠다.
I'll come to your office at 3 o'clock.

원리

한국어는 지각 동사를 정태적 동사(진행형 불가)와 역동적 동사(진행형 가능)로 구분하지 않는다. 수동적 이거나 정태적 과정을 나타낼 경우에는 피동형이 사용된다. 하지만 **영어는 명확한 구분을** 갖는다. "나에게 소음이 들린다"와 같이 다소 수동적 의미의 문장은 "I hear the noise"라고 표현하고, "그녀의 CD를 (주의 깊게) 듣고 있었다"의 경우처럼 역동적 과정은 "I was listening to her cd" 라고 표현 된다.

예시

***Type* 1** 수동적, 정태적 과정의 지각 동사는 'hear', 'see'로

나는 귀가 잘 **들리지 않는다.** → I **can't hear** very well.

***Type* 2** 역동적 과정의 지각 동사는 'listen to',' watch', 'look at'로

잘 들어봐! 저 소음이 무엇이지? → **Listen!** What's the noise?

다시쓰기

***Type* 1** 내가 하는 **말 못 들었니?**

KE Didn't you listen to what I said? (x)

EE ________________ **what I said?**

***Type* 1** **축구팀 감독은** 그에게서 축구 선수로서의 **많은 가능성을 봤다.**

KE The team coach watched a lot of potential in him as a soccer player. (x)

EE ________________ **in him as a soccer player.**

***Type* 2** **그의 이야기를 주의 깊게 들었다.**

KE I heard of his story carefully. (x)

EE **I** ________________.

***Type* 2** 엄마가 **TV를 보고 계신다.**

KE My mom is seeing TV. (x)

EE **My mom** ________________.

정답: [Didn't you hear], [The team coach saw a lot of potential], [listened to his story carefully], [is watching TV]

Type 1 나는 저 방에서 **음악소리와 웃음 소리를 들었다.** (hear)

I ______________________________ in the room.

내 생각에는 젊은 사람들도 자신의 의견을 **낼 필요가 있다.** (be heard)

In my opinion, young people's voices ______________________________.

괌에서 근사한 일몰을 **본 적 있니?** (see)

______________________________ the stunning sunset in Guam?

이 꽃은 한국에서 **보기 어려운 꽃이다.** (see)

This flower ______________________________ in Korea.

이제 한국 어디에서나 **외국인을 볼 수 있다.** (see)

Now, ______________________________ everywhere in Korea.

정답: [heard music and laughter], [need to be heard], [Have you seen], [is hard to see], [you can see foreigners]

Type 2 그 물건을 **자세히 좀 봐.** 무엇이 보이니? (look)

______________________________ at this item. What do you see?

나는 4년마다 TV에서 **올림픽 게임을 본다.** (the Olympic Games)

I ______________________________ on TV every four years.

매번 부정적인 것만 매달리지 말고, **밝은 면을 보도록 해봐.** (look on)

You always stick to the negative in things. Just try to ______________________________.

학생들은 선생님이 말하는 것을 **경청하고 있다.** (listen to)

The students ______________________________ what their teacher is saying.

정답: [Take a close look], [watch the Olympic Games], [look on the bright side], [are listening to]

구문연습 II

3-6 '듣다', '보다' vs. 'hear', 'listen', 'see', 'watch', 'look at'

***Type* 1**

갑자기 저 방에서 울음 소리를 들었다. (cry)

표현의 자유는 양쪽 모두의 생각이 표현되도록 허용한다. (be heard)

오늘 아침 일출 정말 멋있었는데, 봤어? (the gorgeous sunrise)

그 언덕에서 배가 보인다. (from the hill)

모두가 볼 수 있는 곳에 목록을 붙여라. (post)

***Type* 2**

저기 좀 봐.

나는 TV에서 그 토론을 봤다. (the debate)

그 노신사는 그 그림을 유심히 쳐다보고 있다. (old gentleman)

그 정치인들도 그가 말할 때 주의 깊게 듣고 있었다. (speak)

참조 **'(충격적인) 무엇인가를 빤히 쳐다보다' '(인상적인) 무엇인가를 지긋이 응시하다' 의 표현은 각각 'stare' 'gaze'로**

무엇을 **뚫어지게 보고 있니?** → What are you **staring at?**

그 노신사는 밤하늘을 지긋이 **응시했다.** → The old man **gazed into** the night sky.

구문연습 II 제시 답안

Type 1

갑자기 저 방에서 울음 소리를 들었다.

All of a sudden, I heard a cry in the room.

표현의 자유는 양쪽 모두의 생각이 표현되도록 허용한다.

Freedom of expression allows both ideas to be heard.

오늘 아침 일출 정말 멋있었는데, 봤어?

Did you see the gorgeous sunrise this morning?

그 언덕에서 배가 보인다.

I can see a ship from the hill.

모두가 볼 수 있는 곳에 목록을 붙여라.

Post the list where everyone can see it.

Type 2

저기 좀 봐.

Look over there!

나는 TV에서 그 토론을 봤다.

I watched the debate on TV.

그 노신사는 그 그림을 유심히 쳐다보고 있다.

The old gentleman is looking at the painting.

그 정치인들도 그가 말할 때 주의 깊게 듣고 있었다.

The politicians are listening to him carefully when he is speaking.

3-7 '하다' vs. 'do', 'make', 'have', 'take', 'give'

원리

한국어 **명사가 동사화 되기 위해서는 일반적으로 "하다" 동사를** 붙여 만든다. 예를 들어 "공부"라는 명사에서 "공부하다"라는 동사가 형성된다. 영어에서도 이와 같은 원리로 작동되는 데, 그 예가 "do an exercise" 같은 표현이다. 하지만 **영어는 동사 "do" 외에도 "make", "have", "take" 등 다양한 경동사(LIGHT VERB)가 사용**될 수 있다.

예시

***Type* 1** 운동, 숙제, 집안일 등을 '하다'는 'do'로

우리는 건강을 위해 **규칙적으로 운동해야** 한다.

→ We should **do regular exercise** for our health.

***Type* 2** 여행, 연습, 휴식, 경험 등을 '하다'는 'have' 또는 'take'로

그는 자신의 친구와 **여행했다.** → He **took a journey** with his friend.

***Type* 3** '키스' 헌혈' 등 상대방이 있거나 화자의 적극적 행위가 요구되는 경우의 '하다'는 'give' 또는 'make' 로

나 대신 그 회사에 **전화 좀 해 주겠니?**

→ Can you please **make a call** to the company for me?

다시쓰기

***Type* 1** 한국 엄마들의 상당수는 아이들이 **방학 숙제하는 것을** 돕는다.

KE Most Korean moms help their children make their vacation homework. (x)

EE **Most Korean moms help their children ________________.**

***Type* 2** 나는 토요일에 **생일파티를 할 것이다.**

KE I will do my birthday party on Saturday. (x)

EE **I will ________________ on Saturday.**

***Type* 3** 그가 **그녀에게 키스했다.**

KE He did kiss to her. (x)

EE **He ________________.**

정답: [do their vacation homework], [have my birthday party], [gave her a kiss]

구문연습 I

***Type* 1**

방에 가서 **숙제 좀 해라.** 내일 제출해야 해. (do)

Go to the room and ______________________. You have to submit it tomorrow.

외래 종들이 농작물에 **큰 해를 입히고 있다.** (do)

Invasive species ______________________ the crops.

명절 저녁이 끝나면, 엄마 아빠 모두 **뒷설거지 하느라고 바쁘다.** (do)

After a big holiday dinner, my mom and dad are busy with ______________________.

정답: [do your homework], [are doing much harm to], [doing the dishes]

***Type* 2**

나는 친구들과 캠핑장에서 **바비큐를 해 먹는 것을 즐긴다.** (have)

I ______________________ with my friends at the camp site.

문제 해결을 위해서는 너가 너의 상사와 **대화를 하는 것이** 필요하다. (have)

To solve the problem, you should ______________________ your boss.

급할 것 없어. 제발 **천천히 시간을 갖고 해.** (time)

There is no hurry. Please ______________________.

정답: [enjoy having a barbecue], [have a conversation with], [take your time]

***Type* 3**

일부 손님들이 그의 끔찍한 요리에 대해 매니저에게 **불평을 했다.** (make)

Some customers ______________________ to the manager about his terrible cooking.

부모님에게 고맙다고 말하고 **꼭 안아 주세요.** (give)

Just say 'thank you' to your parents and ______________________.

그 살인범은 지난밤 경찰에 **모든 걸 자백했다.** (make)

The murderer ______________________ to the police last night.

미국 대통령은 한국인들 앞에서 **역사적인 연설을 했다.** (speech)

The U.S. President ______________________ to the Korean audience.

정답: [made a complaint], [give them a big hug], [made a complete confession], [gave a historical speech]

구문연습 II

Type 1

쇼핑 모두 다 했니? (the shopping)

그 폭우는 많은 피해를 주었다. (damage)

나는 그가 화장실에서 마약 하는 것을 보았다. (drug)

Type 2

나는 몇 군데 파티에 가서 즐거운 경험을 했다. (good time)

그녀는 일요일마다 자신의 엄마와 산책을 한다. (walk)

스트레스 받으면 나는 집에 가서 휴식을 취한다. (rest)

Type 3

나는 이것을 쟁점화하고 싶지 않다. (issue)

젊은 사람들이 요즘 혈액은행에서 헌혈을 자주 한다. (blood)

다른 사람의 운명을 다룰 때는 실수하는 것이 용납되지 않는다. (mistake)

그 장관은 베트남 전쟁 퇴역 군인들의 용기를 칭송하는 연설을 했다. (speech)

Type 1

쇼핑 모두 다 했니?
Have you done all the shopping ?

그 폭우는 많은 피해를 주었다.
The storm did a lot of damage.

나는 그가 화장실에서 마약 하는 것을 보았다.
I saw him doing drugs in the toilet.

Type 2

나는 몇 군데 파티에 가서 즐거운 경험을 했다.
I went to a few parties and had a good time.

그녀는 일요일마다 자신의 엄마와 산책을 한다.
She takes a walk with her mom every Sunday.

스트레스 받으면 나는 집에 가서 휴식을 취한다.
When I am stressed, I go home and take a rest.

Type 3

나는 이것을 쟁점화하고 싶지 않다.
I don't want to make an issue of it.

젊은 사람들이 요즘 혈액은행에서 헌혈을 자주 한다.
Young people often give blood to blood banks these days.

다른 사람의 운명을 다룰 때는 실수하는 것이 용납되지 않는다.
It is unacceptable to make a mistake when dealing with the fate of another person's life.

그 장관은 베트남 전쟁 퇴역 군인들의 용기를 칭송하는 연설을 했다.
The minister gave a speech praising the bravery of the Vietnam War veterans.

3-8 '맞다' vs. 'fit', 'suit'

원리

한국어에서 "맞다(어울리다)"에 해당하는 **영어 술어는 "suit"와 "fit"** 동사라 할 수 있다. 즉 색상 등이 어떤 사람에게 "맞다(어울린다)"의 표현은 "suit"이고 사이즈 등이 어떤 사람에서 "맞다"라는 표현은 "fit"이라 할 수 있다.

예시

Type 1 입맛 등 '취향에 맞다'의 표현은 'suit로

이 음식이 내 입맛에 **맞다.** → This food **suits** my taste.

Type 2 크기와 같은 사이즈가 '몸에 맞다'의 표현은 'fit'으로

그 드레스 (사이즈)가 너에게 딱 **맞다**. → That dress **fits** you.

다시쓰기

Type 1 그 드레스가 **너에게 잘 어울린다.**

KE That dress fits you well. (x)

EE That dress ______________________.

Type 1 밝은 색상이 **나한테 잘 안 맞는다.**

KE Bright colors don't fit me well. (x)

EE Bright colors ______________________.

Type 2 그 재킷이 (사이즈가) **잘 맞는다.**

KE That jacket suits you well. (x)

EE That jacket ______________________.

Type 2 체중이 늘어 **더 이상** 이 바지가 **맞지 않는다.**

KE I've put on weight and my trousers don't suit me anymore! (x)

EE I've put on weight and my trousers ______________________!

정답: [suits you], [don't suit me well], [fits you well], [don't fit me anymore]

구문연습 I

***Type* 1**

일본 관광객들은 **자신의 입맛에 가장 잘 맞는** 한국 라면을 대량으로 구매한다. (suit)

Japanese tourists buy the Korean ramen in bulk that ______________.

어제 산 코트가 **너에게는 잘 어울리지 않는다.** 환불해라. (suit)

The coat that you bought yesterday ______________.

You should get a refund.

이 책도 **너의 취향에 맞을 거야.** (suit)

This book will ______________.

자신에게 꼭 맞는 직업을 찾기란 쉽지 않다. (suit)

It is not easy to find a job that ______________.

정답: [best suits their tastes], [doesn't suit you], [suit you well], [suits you]

***Type* 2**

이 책상은 너무 커서 **내 방에 맞지 않는다.** (fit)

This desk is too big and it ______________.

너에게 꼭 맞는 신발을 사왔다. 딱 너의 사이즈다. (fit)

I have bought a pair of shoes that ______________.

They are exactly your size.

그 의자는 **내 몸에 맞추기 위해** 높이를 조절해야 한다. (fit)

The height of the chair has to be adjusted ______________.

정답: [doesn't fit in my room], [fit your feet], [to fit my body]

기 타

제발 **너의 셔츠에 어울리는** 넥타이를 골라. (match)

Please select a neck tie that ______________.

그는 회사를 옮긴 후 **새로운 환경에 적응하지 못했다.** (적응하다: fit into)

He ______________ after moving to the new company.

정답. [matches your shirt], [didn't fit into the new work environment]

구문연습 II

***Type* 1**

한국인들은 자신들 입맛에 맞는 제품을 고른다. (taste)

자켓이 지미에게 잘 어울린다. 지미를 더욱 잘생겨 보이게 만든다. (handsome)

화요일은 너한테 괜찮겠니? (Tuesday)

그들은 자신들의 인생 목표에 맞는 직업을 찾게 될 것이다. (life goal)

이 소파는 색과 패턴이 이상해서 우리 거실과 안 어울린다. (color and pattern)

***Type* 2**

이 소파는 너무 커서 우리 거실에 맞지 않다. (big)

자켓이 지미에게 너무 잘 맞는다. 딱 그의 사이즈다. (size)

남은 문제는 그녀에게 맞는 옷과 신발을 찾는 것이다. (shoes)

그 스크린은 우리의 눈에 맞추기 위해 빛과 영상을 조절한다. (eyes)

참조

'match'의 경우 두 요소가 잘 어울릴 경우 사용된다. suit와의 차이점을 인지하자.

이 셔츠는 너의 푸른 넥타이와 **어울리지 않는다.** → This shirt **doesn't match** your blue tie.

cf. 이 컬러는 너에게 **안 어울려.** → This color **doesn't suit** you.

구문연습 II 제시 답안

Type 1

한국인들은 자신들 입맛에 맞는 제품을 고른다.
Koreans people select products that best suit their tastes.

자켓이 지미에게 잘 어울린다. 지미를 더욱 잘생겨 보이게 만든다.
The jacket suits Jimmy well. It makes him look handsome.

화요일은 너한테 괜찮겠니?
Will Tuesday suit you?

그들은 자신들의 인생 목표에 맞는 직업을 찾게 될 것이다.
They will find a career that can suit their life goals.

이 소파는 색과 패턴이 이상해서 우리 거실과 안 어울린다.
This sofa has a strange color and pattern and doesn't suit our living room.

Type 2

이 소파는 너무 커서 우리 거실에 맞지 않다.
This sofa is too big and doesn't fit in our living room.

자켓이 지미에게 너무 잘 맞는다. 딱 그의 사이즈다.
The jacket fits Jimmy well. It's exactly his size.

남은 문제는 그녀에게 맞는 옷과 신발을 찾는 것이다.
The only problem she has is finding clothes and shoes to fit her.

그 스크린은 우리의 눈에 맞추기 위해 빛과 영상을 조절한다.
The screen adjusts light and images to fit our eyes.

3-9 '타다' vs. 'take', 'ride', 'get on/in'

원리

한국어에서 "타다"는 타는 구체적인 대상과 상관없이 모든 교통수단에 사용 된다. 하지만 이에 해당하는 **영어 표현은 타는 대상에 따라 "take", "ride", "board", "get in", "get out"** 등으로 구별된다.

예시

Type 1 택시, 배, 버스, 열차와 같은 교통수단을 '타다' 의 표현은 'take'로
제주공항에서 **택시를 타라.** → At the Jeju airport, you can **take a taxi.**

Type 2 자전거, 오토바이, 말 등 주로 외부에 올라타는 교통수단을 '타다'는 'ride'로
그는 직장까지 **오토바이를 타고** 간다. → He **rides his motorbike** to work.

Type 3 버스처럼 서서 탈 수 있는 교통수단은 'board(격식체)', 'get on /off',
택시는 'get in/out of'로
나는 우리집 앞에서 **버스를 탔다.**
→ I **got on the bus** at the bust stop in front of my house.

다시쓰기

Type 1 **서울까지 비행기를 타고** 오는 것은 어때?.

KE Why don't you ride a flight to Seoul. (x)

EE **Why don't you ________________?**

Type 2 나는 여섯 살 때 **자전거 타는 법을** 배웠다.

KE I learned how to ride a bike when I was six. (x)

EE **I learned ________________ when I was six.**

Type 3 우리에게는 **자동차를 타고** 가고 싶은 곳까지 **운전해 가는 것이** 바람직하다.

KE For us, it is desirable to get on our car and drive wherever we want to go. (x)

EE **For us, it is desirable ________________ wherever we want to go.**

정답: [take a flight to Seoul], [how to ride a bike], [to get in our car and drive]

구문연습 I

Type 1

우리는 다음 목적지로 가기 위해서 **그 기차를 타는 수** 밖에 없었다. (take)

We had no choice but to ______________________ to get to the next destination.

서울에서는 여행객들이 **대중교통을 이용하는 것이** 현명하다. (take)

It is wise for travelers ______________________ in Seoul.

내 차를 사고 나서는 **택시를 타는 일이 드물다.** (take)

Since I bought my car, I ______________________.

정답: [take the train], [to take public transportation], [have hardly taken a taxi]

Type 2

도로에서 스쿠터를 탈 때 헬멧을 써야 한다. (ride)

You should wear a helmet when ______________________.

젊은 여행객들을 **사막에서 낙타를 타기 위해** 이집트에 간다. (ride)

Young travelers go to Egypt ______________________.

바이커들은 **떼를 지어 바이크를 타면서,** 유대감을 쌓는다. (ride)

______________________, bikers bond with each other.

정답: [you ride a scooter], [to ride camels in the desert], [By riding in a group]

Type 3

지하철에서는 다른 승객들이 내리기 전에 **타지 마세요.** (get on)

Please do not ______________________ before others get off.

이제 **저 악명높은 롤러코스트를** 탈 차례이다. (get on)

Now it is time to ______________________.

오랜 기다림 끝에, **드디어 택시에 승차했다.** (get in)

After a long wait, we ______________________.

정답: [get on the subway], [get on the notorious roller coaster], [finally got in a taxi]

Type 1

나는 늘 지하철을 탄다. 자동차보다 훨씬 덜 막힌다. (subway)

사람들이 대중교통에서 음식을 먹고 마시는 것을 허용하지 말아야 한다. (public transit)

서울에서 상당수의 직장인들은 바쁠 때 택시를 탄다. (taxi)

Type 2

나는 너에게 도로에서 자전거를 타지 말라고 여러 번 이야기 했다. (bike)

할머니는 어렸을 때 매 주마다 말을 타곤 했었다. (horse)

포항에서는 해안도로를 따라 자전거를 탈 수 있다. (bicycle)

Type 3

이제 승객들은 쉽게 버스를 타고 내릴 수 있다. (bus)

비행기 납치범들은 JFK 공항에서 비행기를 탔다. (board)

거울 좀 그만 보고 차에 빨리 타. 우리 늦었다. (car)

참조 **'ride'가 명사로 쓰일 때는 '자동차로 원하는 목적지 까지 데려다 주는 것'을 의미한다.**
그는 내게 지하철역까지 **차로 데려다 달라고** 부탁했다.
→ He asked me for **a ride** to the subway station.

***Type* 1**

나는 늘 지하철을 탄다. 자동차보다 훨씬 덜 막힌다.

I always take the subway. It's less hassle than a car.

사람들이 대중교통에서 음식을 먹고 마시는 것을 허용하지 말아야 한다.

People should not be allowed to eat or drink anything while taking public transit.

서울에서 상당수의 직장인들은 바쁠 때 택시를 탄다.

A large number of workers in Seoul take a taxi when they are in a hurry.

***Type* 2**

나는 너에게 도로에서 자전거를 타지 말라고 여러 번 이야기 했다.

I've told you many times not to ride your bike on the road.

할머니는 어렸을 때 매 주마다 말을 타곤 했었다.

As a young girl, my grandmother spent every weekend riding a horse.

포항에서는 해안도로를 따라 자전거를 탈 수 있다.

In Pohang, you can ride a bicycle along the seashore roads.

***Type* 3**

이제 승객들은 쉽게 버스를 타고 내릴 수 있다.

Now the passengers can get on and off the bus more easily.

비행기 납치범들은 JFK 공항에서 비행기를 탔다.

The hijackers boarded the plane at JFK airport.

거울 좀 그만 보고 차에 빨리 타. 우리 늦었다.

Stop looking in the mirror and just get in the car. We are late.

3-10 '훔치다' vs. 'steal', 'rob'

원리

한국어 **"훔치다"**에 대응하는 영어 동사는 **"steal"과 "rob"**이지만 뒤에 오는 목적어의 성격에 따라 구별해서 사용 된다. "steal"은 훔쳐간 대상물을 목적어로 갖는 반면, "rob"은 도둑을 당한 사람이나 장소를 한정해서 목적어를 갖는다. 이것은 **"fill"**과 **"pour"**도 같은 맥락이 적용된다. 목적어의 성격에 따라 다른 동사를 갖는 또 다른 경우는 **"drain"**과 **"remove"** 등이 있다.

예시

***Type* 1** 행위의 직접적인 타겟과 영향을 받는 대상을 구분하는 동사 'steal/rob' 'pour'/fill로

누군가가 그녀의 돈을 모두 **훔쳐가 버렸다.**

→ Someone **has stolen** all her money.

누군가가 어젯밤 은행을 **털었다.** → Someone **robbed** a bank last night.

***Type* 2** 행위 대상의 성격에 따라 달라지는 동사는 'remove/drain/take off''과 'push/press/click'으로

국수가 삶아지면 **물기를 빼라.**

→ When the noodles are cooked, **drain the water** from it.

자기 전에 눈에서 **콘텐트 렌즈를 빼라.**

→ Before going to bed, **remove your contact lenses.**

다시쓰기

***Type* 1** 병에 온수를 **채우세요.**

KE Now pour a bottle with hot water. (x)

EE Now ______________________ with hot water.

***Type* 1** 그 요리사는 **돌솥에 온수를 채웠다.**

KE The chef filled hot water into a pot. (△)

EE The chef ______________________ into a pot.

***Type* 2** 케이트는 혼자 **아이 5명을 키웠다.**

KE Kate grow her five children alone. (x)

EE Kate ______________________ alone.

***Type* 2** **식물을 기르고 동물을 키우는** 데는 물이 필요하다.

KE We need water to raise plants and grow animals. (x)

EE We need water ______________________.

정답: [fill a bottle], [poured hot water], [brought up her five children], [to grow plants and raise animals]

구문연습 I

Type 1

우리 동네 은행은 **해마다 도둑이 든다.** (rob)

The bank in our town ______________________.

그들은 나한테서 **새로 산 노트북을 빼앗아 갔다.** (steal)

They ______________________ from me.

그 웨이터가 내 유리잔에 **물을 따랐다.** (pour)

The waiter ______________________ into my glass.

그 웨이터는 빈 단지에 설탕을 **가득 채웠다.** (fill)

The waiter ______________________ with sugar.

정답: [is robbed every year], [stole my new laptop], [poured water], [filled the empty jar]

Type 2

원숭이도 **바나나 껍질을 제거한다.** (peel)

Even monkeys ______________________.

다행히도 특수요원들이 **폭탄을 안전하게 제거 했다.** (remove)

Fortunately, the special agents safely ______________________.

동네 아이들이 **우리집 초인종을 누르고는** 도망가 버렸다. (ring)

Kids in the neighborhoods ran away after ______________________.

우리 대학은 지역 공동체에 헌신할 **인재를 키우고 있다.** (foster)

Our university ______________________ who can contribute much to the community.

애완동물을 키운다는 것은 책임을 뒤따르는 일입니다. (raise)

______________________ requires a sense of responsibility.

정답: [peel a banana], [removed the bomb], [ringing our doorbell], [fosters talent], [Raising a pet]

구문연습 II

***Type* 1**

그는 욕심에 눈이 멀어 내 돈을 훔치려 했다. (steal)

그들은 그에게서 그의 아버지의 재산을 훔쳐가려 했다. (his father's estate)

지원자들은 그 서류에 이름을 써 넣어야 한다. (put)

지원자들은 그 서류의 빈칸을 다 채워야 한다 (fill out).

***Type* 2**

그곳의 근로자 대부분이 그것 뒤에 있는 물을 빼기 위해 애쓰고 있는 중이다. (drain)

이제 우리는 명단에서 그의 이름을 빼야 한다. (remove)

파일을 열려면 아이콘을 두 번 눌러라. (click)

비상시에는 에스컬레이터 맨 위쪽에 있는 멈춤 버튼을 눌러라. (push/press)

동물원의 중요한 기능 중 하나는 멸종 위기에 처한 동물들을 키우는 것이다. (breed)

참조 **'키우다', '기르다' 등 과 같이 한국어에서 다양한 성격에 목적어를 대상으로 사용되는 어휘는 영어에서 대상 목적어의 특질에 따라 다른 표현('bring up', 'raise', 'breed', 'foster', 'grow' 등)을 선택한다.**

아이를 키우다 → bring up children
강아지와 고양이를 키우다 → raise dogs and cats
돼지를 키우다 (사육하다) → breed pigs, 불안(근심)을 키우다 → breed unsafety (concern)
인재를 키우다 → foster/nurture talents
식물을 키우다 → grow plants

Type 1

그는 욕심에 눈이 멀어 내 돈을 훔치려 했다.
His greed drove him to steal my money.

그들은 그에게서 그의 아버지에게서 유산으로 받은 모든 돈을 훔쳐가려 했다.
They tried to rob him of all of the money he had inherited from his father.

지원자들은 그 서류에 이름을 써 넣어야 한다.
Applicants should put their name on the form.

지원자들은 그 서류의 빈칸을 다 채워야 한다.
Applicants should fill out the form.

Type 2

그곳의 근로자 대부분이 그것 뒤에 있는 물을 빼기 위해 애쓰고 있는 중이다.
Most of the workers were trying to drain off the water behind it.

이제 우리는 명단에서 그의 이름을 빼야 한다.
Now, we should remove his name from the membership list.

파일을 열려면 아이콘을 두 번 눌러라.
If you want to open a file, click twice on the icon.

비상시에는 에스컬레이터 맨 위쪽에 있는 멈춤 버튼을 눌러라.
In case of emergency, push/press the stop button at the top of the escalator.

동물원의 중요한 기능 중 하나는 멸종 위기에 처한 동물들을 키우는 것이다.
One of the major functions of zoos is to breed endangered animals.

4장

형용사와 부사가 달라요.

4-1 함축적 표현 vs. 구체적 표현(형용사)

4-2 함축적 표현 vs. 구체적 표현(부사)

4-3 '진한 커피' vs. 'strong coffee'(연어I)

4-4 '심하게 파손된' vs. 'badly damaged'(연어Ⅱ)

4-1 함축적 표현 vs. 구체적 표현(형용사)

원리

한국어의 경우 명사를 수식하는 형용사가 명사의 특징에 크게 영향을 받지 않고 의미에 따라 **일관적으로** 사용된다면, **영어의 경우** 수식하는 명사의 특징에 따라 **특정한 형태의 형용사만** 사용된다.

예시

***Type* 1** 수식을 받는 명사의 특징에 따라 형용사를 제한

많은 학생들이 온라인 수업을 선택하고 있다.

→ **Many students** take online classes.

***Type* 2** 수식을 받는 명사의 특징에 따라 긍정적/부정적 특징을 묘사하는 형용사를 선별

그들 대부분은 **수영을 잘 못한다.** → Most of them are **poor swimmers.**

다시쓰기

***Type* 1** 인터넷 덕택에 **다양한 정보에 접근하는 것**이 가능하다. (불가산 명사)

KE The Internet allows the users to access various information. (△)

EE **The Internet allows the users ______________________.**

***Type* 1** 우리 사회는 도로 위에 **점차 많아지는 자동차 수**를 감당하지 못하고 있다.(가산 명사)

KE Our society is overwhelmed by a lot of cars on the roads.(△)

EE **Our society is overwhelmed by ______________________.**

***Type* 2** 우리가 **그 신기술의 효과를 다 본 것이** 아니다.

KE We don't see the whole effect of the new technology. (△)

EE **We don't see ______________________.**

***Type* 2** 내 남동생은 **동물 흉내를 잘 낸다.**

KE My brother mimics animals well. (△)

EE **My brother ______________________ mimicking animals.**

정답: [to access a wide range of information], [a growing number of cars on the roads], [the full effects of the new technology], [is talented at]

***Type* 1**

우리 사회에는 **수 많은 폭력이** 존재한다. (much)

There is so ______________________________ in our society.

몇 일전에 미라는 내게 영어 숙제를 도와 달라고 부탁했다. (few)

______________________________ Mira asked me to help her with her English homework.

아직도 시골에서는 밤 하늘에 **반짝이는 수많은 별들을** 볼 수 있다. (myriad)

You can still see ______________________________ in the night sky in rural areas.

이 방에 **너무 많은 가구를 집어 넣어서** 움직이기도 힘들다. (much)

We ______________________________ in this room that we can't move.

연말에는 불우이웃을 돕기 위한 **수 많은 자선 행사가** 있다. (numerous)

There are ______________________________ that aim to help those in need at the end of the year.

정답: [much violence], [A few days ago], [a myriad of shining stars], [put so much furniture], [numerous charity events]

***Type* 2**

추신수는 미국 메이저 리그에서 뛸 기회를 잡았다. 그는 **타격이 좋았다.** (hitter)

Shin-soo Choo took the opportunity in the Major Leagues in the U.S.

He ______________________________.

이 주스는 잘 팔리는데, 그것이 100% 순 오렌지 과즙이며 이 주스를 만드는 **사람이 순진한 시골 총각이기** 때문이다. (innocent)

This juice sells a lot because it is 100% pure orange juice and ______________________________.

중국인들 중에서는 **손글씨를 잘 쓰는 사람이** 많다. (handwriter)

Many Chinese ______________________________.

잘 써지는 펜을 빌려줄 수 있니? (smooth)

Can I borrow ______________________________?

그는 여자 친구와의 데이트를 위해 **광택이 잘 나는** 새 구두를 샀다. (gloss)

He bought a new pair of shoes ______________________________ for dating with his girl friend.

정답: [was a strong hitter], [the juice maker is an innocent farm guy], [are good hand-writers], [a smooth pen], [with a nice gloss]

Type 1

만약 너가 중고차를 산다면 많은 돈을 절약할 수 있을 것이다. (money)

아주 소수의 한국인만이 그 동네에 살고 있다. (Korean)

한반도에 매머드가 살았다는 증거는 거의 없다. (evidence)

많은 차들이 학교밖에 주차되어 있었다. (park)

내가 회사를 그만두어야 할 수백가지의 이유가 있다. (myriad)

Type 2

우리 모두는 가족 및 친구들과 잘 살기를 여전히 바랄 것이다. (life)

아버지는 어머니를 잘 보살펴 드리라는 말을 내게 남기고 서울을 떠났다. (take care of)

요즘 아이들은 손글씨를 잘 못쓴다. (handwriting)

요리를 위해서는 잘 드는 칼을 사야한다. (knife)

이 가구는 광택이 잘 난다. (gloss)

참조 **수나 양의 많음을 나타내기 위해 명사와 함께 쓰이는 표현들은 셀 수 있는 것과 셀 수 없는 것을 구분한다.**

셀 수 있는 명사와 함께 쓰이는 경우: 'many', 'a large number of', 'large numbers of', 'numerous', 'a few' 등

셀 수 없는 명사와 함께 쓰이는 경우: 'much', 'a great deal of', 'a great amount of', 'a little' 등

Type 1

만약 너가 중고차를 산다면 많은 돈을 절약할 수 있을 것이다.
If you buy a used car, you can save a great deal of money.

아주 소수의 한국인만이 그 동네에 살고 있다.
Very few Koreans live in this neighborhood.

한반도에 매머드가 살았다는 증거는 거의 없다.
There is little evidence that mammoths once lived in the Korean peninsula.

많은 차들이 학교밖에 주차되어 있었다.
A large number of cars were parked outside the school.

내가 회사를 그만두어야 할 수백가지의 이유가 있다.
I have a myriad /multitude of reasons I should quit my job.

Type 2

우리 모두는 가족 및 친구들과 잘 살기를 여전히 바랄 것이다.
We all will still want to have a harmonious life with our family and friends.

아버지는 어머니를 잘 보살펴 드리라는 말을 내게 남기고 서울을 떠났다.
Telling me to take good care of my mother, my father left Seoul.

요즘 아이들은 손글씨를 잘 못쓴다.
Children these day are well known for their poor handwriting.

요리를 위해서는 잘 드는 칼을 사야한다.
You should buy a sharp kitchen knife for cooking.

이 가구는 광택이 잘 난다.
The furniture has a nice gloss.

4-2 함축적 표현 vs. 구체적 표현(형용사)

원리

한국어의 부사 "잘"은 다양한 동사들과 함께 쓰인다. 이에 상응하는 **영어 표현은 동사의 성질에 따라 다양한 부사와 형용사의 형태로** 나타난다.

예시

Type 1 '잘' → 'easily', 'lively', 'carefully', 'efficiently' 등으로
그들이 무엇이라고 말하는지 **잘** 들어봐. → Listen **carefully** to what they say.

Type 2 '잘' → 'fully', 'perfectly' 등
그들 친구 상당수가 그들이 **잘** 어울린다고 말한다.
→ Many of their friends say they are **perfectly** matched.

다시쓰기

Type 1 겨울철에는 불이 **잘 일어난다.**

KE The fire is burning well during the winter. (△)

EE **The fire ______ during the winter.**

Type 1 내 피부는 **잘 튼다.**

KE My skin chaps well. (△)

EE **My skin ______.**

Type 2 이제 이 메시지의 취지는 **잘 안다.**

KE I well understand the gist of the message now. (△)

EE **I ______ the gist of the message now.**

Type 2 그는 자신이 얼마나 게으른 지를 **잘 알고 있다.**

KE He is well conscious of how lazy he is. (△)

EE **He is ______ how lazy he is.**

정답: [is burning lively], [chaps easily], [fully/perfectly understand], [perfectly/fully conscious of]

Type 1

가스와 오일은 **불이 아주 잘 붙는다.** (lively/easily)

Gas and oil ______________________________.

그 팀은 **자신들의 임무를 잘 수행하는 편이다.** (efficiently/successfully)

The team tends to ______________________________.

이 재료들은 **고루 잘 섞인다.** (easily/smoothly)

The materials ______________________________ together.

너는 **부모님의 말씀을 잘 들어야 한다.** (carefully)

You should ______________________________.

과거에는 여성들이 많은 권리에서 **배제되었다.** (easily)

In the past, women ______________________________ their rights.

정답: [ignite very easily], [carry out their business efficiently/successfully], [blend easily/smoothly], [listen to your parents carefully], [were easily denied of]

Type 2

우리 모두 이번 시합에서 **아주 잘 뛰었다.** (splendidly)

We all ______________________________ in this match.

엉킨 실이 **술술 잘 풀린다.** (nicely)

The tangled thread ______________________________.

우리는 이제야 건강의 소중함을 **잘 알게 되었다.** (fully)

Now we ______________________________ our good health.

이 방은 첨단 장비들을 **잘 갖추고 있다.** (fully)

This room ______________________________ high tech devices.

우리 부모님은 나의 미래를 위해 나를 **전적으로 후원하신다.** (fully)

My parents ______________________________ in my future plans.

정답: [played splendidly], [straightens out nicely], [fully appreciate], [is fully equipped with], [fully support me]

구문연습 II

Type 1

장마철에는 불이 잘 일어나지 않는다. (burn)

이 셔츠는 잘 구겨진다. (wrinkle)

그 표지판은 눈에 잘 띈다. (be spotted)

너는 선생님 말을 잘 들어야 한다. (listen to)

화성은 육안으로도 지구에서 잘 보인다. (can be seen)

Type 2

새로 들여온 기계가 잘 작동하고 있다. (work)

이 셔츠는 사이즈가 너에게 잘 맞는다. (fit)

애완동물은 이 방에 들어갈 수 없으니, 애완동물 보호자들은 잘 알아두어야 한다. (be aware of)

투숙객들에게 이 호텔의 규칙과 규율에 대해 잘 공지되었음이 틀림없다. (be informed of)

그린피스는 주요 국제환경단체로서 잘 알려져 있다. (be recognized)

구문연습 II 제시 답안

Type 1

장마철에는 불이 잘 일어나지 않는다.
The fire does not burn lively during the rainy season.

이 셔츠는 잘 구겨진다.
This shirt wrinkles easily.

그 표지판은 눈에 잘 띈다.
The signpost is easily spotted.

너는 선생님 말을 잘 들어야 한다.
You should listen to your teacher attentively/carefully.

화성은 육안으로도 지구에서 잘 보인다.
Mars can easily be seen from Earth with the naked eye.

Type 2

새로 들여온 기계가 잘 작동하고 있다.
The new machine works smoothly/perfectly.

이 셔츠는 사이즈가 너에게 잘 맞는다.
This shirt fits you perfectly.

애완동물은 이 방에 들어갈 수 없으니, 애완동물 보호자들은 잘 알아두어야 한다.
Pet owners should be fully aware of the fact that their pets are not allowed to enter this room.

투숙객들에게 이 호텔의 규칙과 규율에 대해 잘 공지되었음이 틀림없다.
The guests must be fully informed of the rules and regulations of this hotel.

그린피스는 주요 국제환경단체로서 잘 알려져 있다.
Greenpeace is fully recognized as a leading global environmental group.

4-3 '진한커피' vs. 'strong coffee'(연어I)

원리

한국어의 '형용사 + 명사' 조합이 항상 영어와 일치하는 것은 아니다. 마시는 차의 깊이를 표시하기 위해 한국어는 "진하다"라고 표현하지만 영어의 경우 "strong(강하다)"으로 표시된다. 이런 형용사 명사의 연어 COLLOCATION) 표현을 알아야만 영어다운 표현을 할 수 있다.

예시

***Type* 1** 'heavy'의 수식을 받는 명사는 'smoker/drinker', 'rain/snow', 'traffic', 'schedule', 'loss' 등

그 경기는 **폭우**속에 진행되었다. → The match was played in **heavy rain.**

***Type* 2** 'strong'의 수식을 받는 명사는 'coffee/tee', 'cheese', 'supporter/opponent' 등

나는 잠을 깨울 수 있는 **진한 커피가** 필요하다.

→ I need some **strong coffee** to wake me up.

***Type* 3** 'poor'의 수식을 받는 명사는 'singer', 'eyesight/ health', 'performance', 'excuse' 등

나는 태어날 때부터 **시력이 좋지 않았다.** → I was born with very **poor eyesight.**

다시쓰기

***Type* 1** 어서 잠자리에 들어. 내일은 **빡빡한 스케줄**이다.

KE Go to bed now. You've got a hard schedule tomorrow. (△)

EE Go to bed now. You've got ______________________ tomorrow.

***Type* 2** 그 감독은 **현 정부의 열렬한 지지자**이다.

KE The director is a hot supporter of the current government. (△)

EE The director is ______________________.

***Type* 3** 비만은 **수면부족과** 연관이 있을 수 있다.

KE Obesity can be linked to little sleep. (△)

EE Obesity can be linked to ______________________.

기 타 어느 누구도 **화를 잘 내는 사람을** 좋아하지 않는다.

KE No one likes a bad-temped person. (△)

EE No one likes ______________________.

정답: [a heavy schedule], [a strong supporter of the current government], [poor sleep], [a hot-tempered person]

구문연습 I

Type 1

한국 젊은 남성 중에는 **술을 많이 마시는 사람들이** 많다. (heavy)
Many Korean young men are ______________________.

이번 폭우로 주택과 도로가 침수되었다. (heavy)
______________________ flooded houses and roads.

한국문화는 다도를 **굉장히 강조**한다. (heavy)
Korean culture places ______________________
performing the tea ceremony.

그 범죄자들은 **엄중한 처벌을** 거의 피할 수 없었다. (heavy)
The criminals could hardly avoid ______________________.

정답: [heavy drinkers], [The heavy rains], [a heavy emphasis on], [heavy punishment]

Type 2

일본팀과 한국팀은 **뚜렷한 차이를 보이고 있다.** (strong)
The Japanese team ______________________ their Korean counterpart.

진교수는 **실력 있는 논객**으로 유명했었다. (strong)
Prof. Jin used to be famous for ______________________.

그 차는 **향이 강하고** 아주 쓴 맛이 난다. (strong)
The tea has ______________________ and tastes very bitter.

정답: [provides a strong contrast with], [a strong debater], [a strong aroma]

Type 3

계속되는 흉작으로 사람들이 굶주림으로 고생하고 있다. (poor))
______________________ make people suffer from hunger.

올 초 한국 자동차들이 세계 시장에서 **부진한 출발을** 보이고 있다. (poor)
At the beginning of this year, Korean car makers have had ______________________
______________________ in the world market.

요즘 어린이들은 스마트폰 사용으로 **시력이 좋지 않다.** (poor)
Today's children have ______________________
due to the use of smartphones.

정답: [Successive poor harvests], [a poor start], [poor eyesights]

구문연습 II

Type 1

우리 삼촌은 젊은 시절 골초였었다. (smoker)

안타깝게도 강원도에 또 폭설이 예보되었다. (snow)

이 정책은 교통혼잡을 줄이는데 큰 역할을 했다. (traffic)

그 회사의 큰 손실은 회사의 파산으로 이어졌다. (loss)

Type 2

그 새는 포식자로부터 자신을 보호하기 위해 독한 냄새를 뿜는다. (smell)

전세대들은 여전히 열렬한 공산주의 반대자들이다. (opponent)

일부 손님들은 우리가 대접했던 진한 차를 좋아하지 않았다. (tea)

Type 3

나쁜 자세가 등에 긴장을 유발한다. (posture)

그는 부진한 성과때문에 결국 이번 승진에서 제외되었다. (performance)

그는 어설픈 변명만 늘어놓고 있다. (excuse)

참조 **한국어와 다른 조합의 연어는 '다혈질인' → 'hot-tempered', '높은 빌딩' → 'tall building', '치열한 경쟁' → 'stiff competition', '가장 친한 친구' → 'best friend' , '수다장이' → 'big talker' 등이 있다.**

***Type* 1**

우리 삼촌은 젊은 시절 골초였었다.

My uncle used to be a heavy smoker in his younger days.

안타깝게도 강원도에 또 폭설이 예보되었다.

Unfortunately, heavy snow is forecasted for Gangwon province again.

이 정책은 교통혼잡을 줄이는데 큰 역할을 했다.

The strategy contributed much to reducing heavy traffic.

그 회사의 큰 손실은 회사의 파산으로 이어졌다.

The company's heavy losses have led to its bankruptcy.

***Type* 2**

그 새는 포식자로부터 자신을 보호하기 위해 독한 냄새를 뿜는다.

The bird emits strong smells to protect itself from its predators.

전세대들은 여전히 열렬한 공산주의 반대자들이다.

The previous generations are still strong opponents of communism.

일부 손님들은 우리가 대접했던 진한 차를 좋아하지 않았다.

Some guests didn't enjoy the strong tea we served.

***Type* 3**

나쁜 자세가 등에 긴장을 유발한다.

Poor posture causes tension in your back.

그는 부진한 성과때문에 결국 이번 승진에서 제외되었다.

His poor performance left him out of the promotions.

그는 어설픈 변명만 늘어놓고 있다.

He continually makes poor excuses.

원리

한국어의 **'부사+형용사' 또는 '부사+동사' 조합도 영어와 일치하지 않는** 경우가 많다. 예를 들어, 자동차나 건물 등 사물의 훼손 정도를 표현하기 위해 한국어는 "심하게"라는 부사를 사용하지만 영어의 경우 "badly"로 표현된다.

예시

***Type* 1** 'badly'의 수식을 받는 형용사 또는 동사는 'damaged', 'need', 'want' 등
최소 8대의 차가 그 폭우로 **심하게 파손 되었다.**
→ At least eight cars were **badly damaged** by the storm.

***Type* 2** 'bitterly'의 수식을 받는 형용사 또는 동사는 'cold', 'disappointed', 'resent', 'criticize' 등
살을 에는 듯한 바람이다. → It's a **bitterly cold** wind.

***Type* 3** 'completely'의 수식을 받는 형용사 또는 동사는 'strong', 'different', 'amazing' 등
나는 현재 육체적으로나 정신적으로 **아주 건강하다.**
→ I am **completely strong** both physically and emotionally.

다시쓰기

***Type* 1** **절실히 필요한 인재들의** 상당수가 한국을 떠나고 있다.

KE A large number of highly needed talents are leaving Korea. (△)

EE **A large number of ______ are leaving Korea.**

***Type* 2** 정부의 결정은 <뉴욕타임즈>에 의해 **혹독하게 비판을 받았다.**

KE The decision of the government was strongly criticized by the New York Times.(△)

EE **The decision of the government ______ by the New York Times.**

***Type* 3** 그 연극은 **정말 환상적이고 흥미로웠다.**

KE The play was very fantastic and interesting. (△)

EE **The play was ______.**

정답: [badly needed talents], [was bitterly criticized], [completely fantastic and interesting]

***Type* 1**

나는 왼쪽 다리가 너무 아파서 내일 병원에 가야겠다. (badly)

__________________________, so I will see the doctor tomorrow.

우리는 새 집으로 이사 가기를 **절실히 원했다.** (badly)

__________________________ to move to a new house.

그 절은 화재로 인해 **심하게 손상되었다.** (badly)

The Buddhist temple __________________________ due to the fire.

정답: [My left leg hurts badly], [We badly wanted], [was badly damaged]

***Type* 2**

자영업자들은 최저임금에 **격렬하게 반대한다.** (bitterly)

Self-employed business men __________________________ the implementation of the minimum wage.

그 친일 인사는 일부 진보 성향 정치인들로부터 **몹시 미움을 받았다.** (bitterly)

The pro-Japanese figure __________________________ some liberal politicians.

많은 한국인들이 그의 죽음을 **몹시 비통해 하고 있다.** (bitterly)

A lot of Koreans __________________________ his death.

정답: [protest bitterly against], [was bitterly hated by], [are bitterly mourning]

***Type* 3**

이 세계는 인간에게도 다른 생명체에게도 **완전히 안전하지 않다.** (completely)

This world __________________________ for either human beings or other creatures.

그 건물은 회색 먼지로 **완벽하게 덮였다.** (completely)

The building __________________________ grey dust.

이 에세이는 **어떤 오류도 없다.** (completely)

This essay is __________________________.

정답: [is not completely safe], [got completely covered with], [completely free of errors]

구문연습 II

***Type* 1**

그 운전자는 심하게 다쳤으며 1시간 동안 차안에 갇혀 있었다. (injure)

그들은 그 사건을 완전히 잘못 판단한 듯하다. (miscalculate)

북한 지도자는 경제적 교착 상태 타계를 위해 외교적 돌파구가 절실히 필요하다. (need)

***Type* 2**

아이들은 부모의 이혼으로 실망이 컸다. (disappointed)

우리는 그의 말에 불같이 화가 났다. (resent)

세입자가 그 방의 악취에 강력하게 불평했다. (complain)

***Type* 3**

우리는 그 조사 결과에 충분히 만족한다. (satisfied)

어떤 채점자도 철저히 객관적일 수는 없다. (objective)

한국 전쟁은 그녀의 삶을 송두리째 바꾸어 놓았다. (change)

참조 한국어와 다른 조합의 영어의 연어는 **'몹시 지친' → 'dead tired', '완전히 깨달은' → 'fully aware', '지독히 부끄러운' → 'painfully shy', '치열하게 경쟁하는' → 'fiercely competitive'** 등이 있다.

Type 1

그 운전자는 심하게 다쳤으며 1시간 동안 차안에 갇혀 있었다.
The driver was badly injured and trapped in the car for one hour.

그들은 그 사건을 완전히 잘못 판단한 듯하다.
They seem to have badly miscalculated in the case.

북한 지도자는 경제적 교착 상태 타계를 위해 외교적 돌파구가 절실히 필요하다.
The North Korean leader badly needs a diplomatic breakthrough to fight the economic deadlock.

Type 2

아이들은 부모의 이혼으로 실망이 컸다.
The children were bitterly disappointed by their parents' divorce.

우리는 그의 말에 불같이 화가 났다.
We bitterly resented his remarks.

세입자가 그 방의 악취에 강력하게 불평했다.
The tenant complained bitterly about the odor of the room.

Type 3

우리는 그 조사 결과에 충분히 만족한다.
We are completely satisfied with the result of the investigation.

어떤 채점자도 철저히 객관적일 수는 없다.
No grader is ever able to be completely objective.

한국 전쟁은 그녀의 삶을 송두리째 바꾸어 놓았다.
The Korean war completely changed her life.

5장

전치사가 달라요.

5-1 맥락 구별에 무딘 조사 vs. 민감한 전치사

5-2 출발과 목표의 구별 無 vs. 구별 有

5-3 합치와 분리의 구별 無 vs. 구별 有

5-4 처격 불변 vs. 처격 교체(I)

5-5 처격 불변 vs. 처격 교체(Ⅱ)

5-6 접속 어미 vs. 전치사(이유/원인)

Real English

원리

한국어의 조사는 체언이나 부사, 어미 따위에 붙어 그 말과 다른 말과의 문법적 관계를 표시하거나 그 말의 뜻을 도와주는 역할을 담당한다. 한국어 **조사가 수식하는 맥락에 대략적으로 반응하여 사용되는** 반면, 이에 상응하는 영어 **전치사는 수식하는 맥락에 따라 구체적으로 구분하여 사용된다.**

예시

***Type* 1** 전치사가 수식하는 대상인 사물의 성질을 구별하는 맥락은 of, from

그 그릇은 유리로 **만들어져 있다.** → The bowl **is made from** glass. (화학적 변환)

그 (조각)상은 대리석으로 **만들어져 있다.**

→ The statue **is made of** marble. (물리적 변환)

***Type* 2** 특정 형용사나 뒤에서 다른 의미를 만들어 내는 전치사는 at, with, about 등

그 교사는 **그에게 화가 났다.** → The teacher **was angry with him.**(사람)

그 교사는 **그 사건에 화가 났다.**

→ The teacher **was angry about the happening.** (사물이나 사건)

다시쓰기

***Type* 1** 플라스틱은 **기름으로 만들어진다.**

KE Plastics are made by oil. (x)

EE **Plastics are** ________________.

***Type* 1** 이 의자는 **나무로 만들어져 있다.**

KE This chair is made by wood. (x)

EE **This chair** ________________.

***Type* 2** 나는 나의 **결혼식을 고대하고 있다.** (좋은 일)

KE I am anxious about my wedding. (x)

EE **I** ________________.

***Type* 2** 탐은 **자신의 건강 문제에 대해 매우 걱정한다.** (좋지않은 일)

KE Tom is very anxious for his health problem. (x)

EE **Tom** ________________.

정답: [are made from oil] , [is made of wood], [am anxious for my wedding], [is very anxious about his health problem]

Type 1

종이는 **나무로 만들어졌다.** 그래서 종이 사용을 최대한 줄여야 한다. (made)
Paper is ______________ so we have to reduce its usage as much as possible.

이 수제 비누는 **견과류,** 오렌지와 레몬 껍질**로 만들어졌다.** (made)
The handmade soap is ______________ oranges, and lemon peels.

많은 국가의 동전은 **보통 구리와 알루미늄으로 만든다.** (made)
Coins of many countries are ______________.

이 조미료는 **천연 재료들로 만들어졌다.** (made)
The seasoning is ______________.

일본에서는 한해 10,000여명이 **흡연으로 사망한다.** (간접적 이유: die)
In Japan, around 10,000 people ______________ every year.

그 병원에서는 메르스 감염**으로 죽은** 환자는 아직 없다. (직접적 이유: die)
The hospital hasn't have any patients who ______________ MERS infection yet.

정답: [made from wood], [made of nuts], [made of cooper and aluminum], [made from natural materials], [die from smoking], [die of]

Type 2

우리는 부모님의 건강이 **걱정스럽다.** (concerned)
We are ______________ our parents' health.

이번 기사는 음식물 쓰레기 처리에 **대해 다루고 있다.** (concerned)
This article is ______________ the disposal of food waste.

젊은 엄마들은 아이들을 돌보느라 **쉽게 피곤해 진다.** (tired)
Young mothers ______________ taking care of their children.

나는 그가 자기자랑만 하는 것에 **진절머리가 난다.** (tired)
I am ______________ his boasting.

정답: [concerned about], [concerned with], [get easily tired by], [sick and tired of]

Type 1

이 수영복은 햇빛을 흡수하는 특수한 재질로 만들어 졌다. (made)

그것들은 젤리로 만들어졌다. (made)

그 왕 무덤의 큰 방에는 대리석으로 만들어진 관이 있었다. (made)

모든 종이비행기는 오직 종이 한 장으로만 만들어져야 한다. (made)

매년 수 천명의 사람들이 기아로 죽는다. (die)

암으로 죽는 사람들의 수가 점차 늘어나고 있다. (die)

Type 2

우리는 우리의 삶의 질에 대해 걱정해야 한다. (concerned)

정부는 항상 노년층의 정신적 건강에 관심을 가져왔다. (concerned)

일이 이렇게 된 것은 우리 엄마가 나에게 매우 화가 나셨기 때문이야. (angry)

나도 그들의 분별 없는 행동에 매우 화가 난다. (angry)

***Type* 1**

이 수영복은 햇빛을 흡수하는 특수한 재질로 만들어 졌다.
The swimming suit is made from a special material that absorbs sunlight.

그것들은 젤리로 만들어졌다.
They are made of jellies.

그 왕 무덤의 큰 방에는 대리석으로 만들어진 관이 있었다.
In the main chamber of the king's tomb, there was a coffin made of marble.

모든 종이비행기는 오직 종이 한 장으로만 만들어져야 한다.
All paper planes must be made from only one piece of paper.

매년 수 천명의 사람들이 기아로 죽는다.
Thousands of people die from starvation every year.

암으로 죽는 사람들의 수가 점차 늘어나고 있다.
A growing number of people are dying of cancer.

***Type* 2**

우리는 우리의 삶의 질에 대해 걱정해야 한다.
We should be concerned about the quality of our lives.

정부는 항상 노년층의 정신적 건강에 관심을 가져왔다.
The government has been always concerned with the mental well-being of the elderly.

일이 이렇게 된 것은 우리 엄마가 나에게 매우 화가 나셨기 때문이야.
This is because my mom is very angry with/at me.

나도 그들의 분별 없는 행동에 매우 화가 난다.
I feel very angry about their impudent behavior.

원리

한국어에서는 "같다"와 "다르다"와 같은 표현에서 비교 대상을 언급할 때 "-와" 같은 조사를 일관적으로 사용한다. 그러나 **영어의 경우는 출발점과 목표점 의미에 따라 다른 전치사를** 갖는다. 예를 들어, "같다"의 경우에는 '목표점'을 나타내는 전치사 **"to"**가 사용되고, "다르다"의 경우에는 '이탈'을 나타내는 전치사 **"from"**이 사용된다.

예시

Type **1** 비교 대상과 같은 목표점을 나타내는 맥락에서는 'to'로
그녀의 드레스는 내 **것과 똑같다.** → Her dress **is identical to** mine

Type **2** 비교 대상과 다름을 표현하기 위한 맥락에서는 출발점을 표시하는 'from'으로
이번 방문은 지난 방문과는 **꽤 다르다.**
→ This visit **is quite different from** last time.

다시쓰기

Type **1** 통계 수치가 **세상사람들이 인지하는 경험과 언제나 일치하는 것은** 아니다.

KE Statistical figures don't always correspond with our perceived experiences in the world. (△)

EE **Statistical figures ________________ our perceived experiences in the world.**

Type **1** 고릴라는 **인간과 유사한 방법으로** 정보를 습득한다.

KE Gorillas acquire information in a similar way with humans.(x)

EE **Gorillas acquire information ________________.**

Type **2** 두 개념은 **서로 완전히 구별되는 것이다.**

KE These two concepts are totally distinct with each other. (x)

EE **These two concepts ________________.**

Type **2** 미국 영어는 영국 영어**와 꽤나 다르다.**

KE American English is quite different with British English. (x)

EE **American English ________________ British English.**

정답: [don't always correspond to], [in a similar way to humans], [are totally distinct from each other], [is quite different from]

***Type* 1**

이 모사품은 원본 그림과 **거의 동일하다.** (identical)

This replica ____________________ its original painting.

나의 개는 너의 개와 크기가 **거의 같다.** (equal)

My dog ____________________ yours in terms of size.

한국의 추석은 너희 나라의 추수감사절과 **아주 비슷하다.** (similar)

Korean Chuseok ____________________

Thanksgiving day in your country.

새의 날개는 우리의 팔에 **상응한다.** (correspond)

The wings of a bird ____________________ our arms.

정답: **[is almost identical to], [is almost equal to], [is very similar to], [correspond to]**

***Type* 2**

요즘 애들은 **자신과 다른 사람들과** 금새 친해진다. (different)

Kids today easily make friends with those who are ____________________.

최근 연구는 여자의 심리와 남자의 **심리적 차이를** 밝혔다. (distinction)

A recent study shows ____________________ between women and men..

그가 꿈꾸는 세상은 **현실과 꽤 괴리가 있다.** (far)

The world he dreams about is ____________________.

이 항구 도시는 한국의 다른 도시들과 완전히 **다르다.** (distinct)

This port city is radically ____________________ the rest of Korea.

정답: **[different from them], [psychological distinctions], [far from the real world], [distinct from]**

구문연습 II

***Type* 1**

이번 경매의 호가는 그 회사에서 제시한 호가와 동일하다. (identical)

법률상 애완동물은 재산과 마찬가지로 취급된다.(equal)

내 의견은 늘 너의 의견과 비슷하다. (similar)

미국의 입장은 그들의 동맹국들의 입장과 일치한다. (correspond)

이 시험은 너가 작년에 쳤던 것과 똑같은 것이다. (identical)

***Type* 2**

수소 무기는 원자 무기와 확실히 다르다. (differ)

한국 미술과 중국 미술은 그 기원부터 틀리다. (distinction)

그의 집은 이곳과 아주 멀다. 그래서 바로 돌아갈 수는 없다. (far)

한국의 정세는 다른 주변 국가들의 정세와 완전히 다르다. (distinct)

참조 **서술용법이 아닌 수식용법으로만 사용되는 'same as'**

나의 아이들은 너의 **아이들과 같은 학교를** 다닌다.

→ My children go to **the same school as yours.**

Type 1

이번 경매의 호가는 그 회사에서 제시한 호가와 동일하다.
This bid is identical to the one submitted by the company.

법률상 애완동물은 재산과 마찬가지로 취급된다.
Pets are considered to be equal to property under the law.

내 의견은 늘 너의 의견과 비슷하다.
My opinions are always similar to yours.

미국의 입장은 그들의 동맹국들의 입장과 일치한다.
The United States' position corresponds to mine.

이 시험은 너가 작년에 쳤던 것과 똑같은 것이다.
The test is identical to the one you took last year.

Type 2

수소 무기는 원자 무기와 확실히 다르다.
Thermonuclear weapons differ significantly from atomics.

한국 미술과 중국 미술은 그 기원부터 틀리다.
Korean fine art has a fundamental distinction from Chinese.

그의 집은 이곳과 아주 멀다. 그래서 바로 돌아갈 수는 없다.
His home is far from here. That's why he can't come back immediately.

한국의 정세는 다른 주변 국가들의 정세와 완전히 다르다.
The political situation of Korea is radically distinct from that of neighboring countries.

5-3 합치와 분리의 구별 無 vs. 구별 有

원리

한국어에서 주로 '동반'이나 '목표점'등을 나타내는 조사 "와/과", "에"는 **영어로 바뀔 때 동사나 형용사의 의미에 기반을 두고 일정한 전치사로 대치된다.** 보통은 의미가 '합치'냐 아니면 '분리'이냐에 따라 **"to" 또는 "from"**이 구분하여 사용된다.

예시

***Type* 1** 비교 대상과 합치됨을 나타내는 맥락에서는 'to' 로

그는 그 끈을 연에 **매달았다.** → He **tied** the string **to** the kite.

***Type* 2** 비교 대상과 다름을 표현하기 위한 맥락에서는 출발점을 표시하는 'from' 으로

그는 그 모임**에 불참했다.** → He was **absent from** the meeting.

다시쓰기

***Type* 1** 그는 제니퍼와 **결혼했다.**

KE He got married with Jennifer. (x)

EE **He ______ Jennifer.**

***Type* 1** 우체국은 **은행과 마주 서 있다.**

KE The post office stands opposite with the bank. (x)

EE **The post office ______.**

***Type* 2** 달은 태양과 1억 4천 7백만 킬로미터 **떨어져 있다.**

KE The moon is 147 million kilometers away with the sun. (x)

EE **The moon is 147 million kilometers ______.**

***Type* 2** 그는 부인과 이혼 후 좋은 직장을 얻을 수 있었다.

KE He could get a nice job after he was divorced with his wife. (x)

EE **He could get a nice job after he ______.**

정답: [got married to], [stands opposite from/to the bank], [away from the sun], [was divorced from his wife]

***Type* 1**

일부 아프리카 부족들은 그들의 전통 문화를 **고수하고 있다.** (to)

Some African tribes ______________________ their traditional culture.

대부분의 개는 **자신의 주인에게 충실하다.** (to)

Most dogs ______________________.

우리 아버지는 **일과 계획을** 철저하게 **지키려고 노력한다.** (to)

My father tries to ______________________.

그는 부모님의 반대에도 불구하고 **그녀와 결혼했다.** (to)

Despite opposition from his parents, he ______________________.

동물들의 상당수가 자신이 서식하고 있는 **곳에 속박된다.** (to)

Many animals ______________________ they inhabit.

정답: [adhere to], [are faithful to their owners], [strictly stick to his daily schedule], [got married to her], [are tied to the place that]

***Type* 2**

그 지역의 교통법규는 **한국의 다른 지역과 완전히 별도다.** (from)

Traffic regulations in the area are completely ______________________.

나는 고등학생때부터 **우리 가족과 떨어져 살았다.** (from)

Since I was a high school student, I ______________________.

불행하게도 AI 번역 기술은 **아직 완벽하지 않다.** (from)

Unfortunately, AI translation technology ______________________.

제니는 폭력적인 남편**과 이혼하고** L.A.를 떠났다. (from)

Jenny ______________________ her violent husband, and left Los Angeles.

어느 터미널**에서 기차가 출발하는지** 꼭 확인해 봐야 한다. (from)

You should check which terminal your train ______________________.

정답: [separate from the rest of Korea], [have lived apart from my family], [is far from perfect], [got divorced from], [will depart from]

구문연습 II

Type 1

그것들에 대한 너의 의견을 제시하지 않고 사실에만 입각하기란 아주 어렵지? (stick)

그 영화는 원작에 충실하다. (true)

우리 집에서는 종종 인터넷 연결이 잘 안된다. (connect)

그 현상은 문화적인 요인과 밀접한 관련이 있다. (related)

이 연구는 일부 음식이 체중증가와 밀접한 연관이 있다는 것을 보여준다. (linked)

Type 2

이게 집에 있던 그 책 맞어? (house)

밀랍 인형들 중에서는 '바람과 함께 사라지다'에 나온 캐릭터들도 있다.
(Gone with the Wind)

그 여자는 그 남자 건너편에 있다. (across)

4대 도시 지하철 노조원의 41.6%만이 파업에 참가했다. (stay away).

재미있는 TV 프로그램들이 나의 공부를 방해한다. (distract)

구문연습 II 제시 답안

Type 1

그것들에 대한 너의 의견을 제시하지 않고 사실에만 입각하기란 아주 어렵지?
Is it so hard to stick to facts without putting your own opinions in them?

그 영화는 원작에 충실하다.
The movie is true to the original.

우리 집에서는 종종 인터넷 연결이 잘 안된다.
We often fail to connect to the Internet at our home.

그 현상은 문화적인 요인과 밀접한 관련이 있다.
The phenomenon is closely related to cultural factors.

이 연구는 일부 음식이 체중증가와 밀접한 연관이 있다는 것을 보여준다.
The research shows that some foods are closely linked to gaining weight.

Type 2

이게 집에 있던 그 책 맞어?
This is the book from your house, isn't it?

밀랍 인형들 중에서는 '바람과 함께 사라지다'에 나온 캐릭터들도 있다.
Among the wax figures are characters from 'Gone with the Wind'.

그 여자는 그 남자 건너편에 있다.
The woman is across from the man.

4대 도시 지하철 노조원의 41.6%만이 파업에 참가했다.
Only 41.6 percent of the union workers in the four cities stayed away from work.

재미있는 TV 프로그램들이 나의 공부를 방해한다.
The exciting TV shows distract me from my study.

원리

한국어에서 장소를 나타내는 조사는 **"에"**가 일반적이다. 영어의 경우는 장소를 나타내는 전치사가 맥락과 차원에 따라 **"at"**, **"on"**, **"in"**으로 구별되어 사용된다.

예시

***Type* 1** 가장 작은 공간의 장소는 'at'으로 (특정 장소, 주소 등)
그 가게 주소는 **테헤란로 24번지이다.** → The shop is **at 24 Teheran Street.**

***Type* 2** 중간 크기 공간의 장소는 'on'으로 (거리, 도로 등)
그 가게는 **테헤란로에** 있다. → The shop is **on Teheran Street.**

***Type* 3** 가장 큰 공간의 장소는 'in' 으로 (예, 국가 도시, 이웃 등)
그 가게는 **강남에** 있다. → The shop is **in Gangnam.**

다시쓰기

***Type* 1** 그 버스가 **서울 시청에서** 멈추었다.

KE The bus stopped in Seoul City Hall. (x)

EE **The bus stopped ______________________.**

***Type* 2** **가로수길에** 가면 거리를 거니는 사람들이 많다.

KE There are a good number of strollers at Garosu-Gil. (x)

EE **There are a good number of strollers ______________________.**

***Type* 3** 우리는 드디어 **독일에** 있는 가장 큰 항구에 도착했다.

KE We arrived at the largest port on Germany. (x)

EE **We arrived at the largest port ______________________.**

정답: [at Seoul City Hall], [on Garosu-Gil], [in Germany]

구문연습 I

***Type* 1**

버스 정류장에 사람들이 긴 줄을 서서 버스를 기다리고 있다. (at)

A long line of people are waiting for buses ________________.

호텔 밖으로 나가려면, 키를 **프론트 데스크에** 맡겨야 한다. (at)

When you leave the hotel, you have to leave your key ________________.

다음 교차로에서 오른쪽으로 돌아가라. (at)

You have to turn right ________________.

문 앞에 한 소년이 서 있는 것이 보이니? (at)

Can you see that there is a boy standing ________________.

정답: [at the bus stop], [at the front desk], [at the next junction], [at the door]

***Type* 2**

그 남자는 **저 무인도에서** 살고 있다고 한다. (on)

The man is said to live ________________.

도어에 "방해하지 마세요" 푯말이 붙어있다. (on)

There is a notice saying "Do not disturb" ________________.

정답: [on the uninhibited island], [on the door]

***Type* 3**

우리 할아버지는 **작은 마을에서** 평생 사셨다. (in)

My grandfather lived his whole life ________________.

파리에 위치해 있는 그 세계적인 박물관을 가본 적이 있니?. (in)

Have you been to the world-class museum located ________________.

휴가 동안에 가족들과 **괌에서** 즐거운 시간을 보냈던 것이 기억난다. (in).

I remember having a good time with my family members ________________
on a holiday.

정답: [in a small village], [in Paris], [in Guam]

구문연습 II

Type 1

자, 책 20 페이지를 펴세요. (page)

그들은 늘 문가에서 이웃들에게 인사한다. (door)

우리 형제는 할머니 집에서 살았었다. (grandmother's)

나는 옥스포드 대학에서 경제학을 공부한다. (university)

Type 2

그 가게는 남쪽 해안가에 있다. (the south coast).

그 식당은 황리단길에 위치해 있다. (Hwangleedan street)

Type 3

내 사촌 수지는 뉴욕에 산다. (New York)

그 미술 박물관은 그 도시에 위치에 있다. (city)

그 탐사팀은 매년 여름 사하라 사막에서 캠프를 한다. (the Sahara desert)

참조 **공간의 사이즈와 상관없이 대상의 위치를 설명하기 위해 'at', 'on', 'in' 등이 다양한 맥락에서 사용되기도 한다.**

'at the park(공원에서)', 'in the river(강에서)', 'in the middle of (중간에)', 'in the back of'(뒤에), 'on a farm(농장에서)', 'on the left'(왼쪽으로), 'on the second floor(2층에서)'

Type 1

자, 책 20 페이지를 펴세요.

Open your book at/to page 20.

그들은 늘 문가에서 이웃들에게 인사한다.

They always greet their neighbors at the door.

우리 형제는 할머니 집에서 살았었다.

My brother and I used to live at our grandmother's.

나는 옥스포드 대학에서 경제학을 공부한다.

I study economics at Oxford University.

Type 2

그 가게는 남쪽 해안가에 있다.

The shop is on the south coast.

그 식당은 황리단길에 위치해 있다.

The restaurant is on the Hwangleedan street.

Type 3

내 사촌 수지는 뉴욕에 산다.

My cousin Suji lives in New York.

그 미술 박물관은 그 도시에 위치에 있다.

The art museum is located in the city.

그 탐사팀은 매년 여름 사하라 사막에서 캠프를 한다.

The expedition camps out in the Sahara desert every summer.

5-5 처격 불변 vs. 처격 교체(Ⅱ)

원리

한국어에서 시간을 나타내는 조사는 **'에'**가 일반적이다. 영어의 경우는 시간을 나타내는 전치사가 시간 표시 맥락에 따라 **"at"**, **"on"**, **"in"**으로 구별되어 사용된다.

예시

***Type* 1** 가장 작은 범위의 시간은 'at'으로 (특정 시각 등)
그 가게는 **점심시간에** 매우 혼잡하다. → The shop is very busy **at lunch time.**

***Type* 2** 중간 범위의 시간은 'on'으로 (날짜, 요일 등)
그 가게는 **일요일에** 운영하지 않는다. → The shop isn't open **on Sundays.**

***Type* 3** 가장 큰 범위의 시간은 'in' 으로 (세기, 년도, 계절, 달 등)
그 가게는 **겨울에**도 운영한다. → The shop is open even **in winter.**

다시쓰기

***Type* 1** 나는 **크리스마스에** 우리 삼촌을 만나기로 예정되어 있다.

KE I am scheduled to visit my uncle on Christmas. (x)

EE **I am scheduled to visit my uncle ______________.**

***Type* 2** **크리스마스 이브날에는** 가족들과 즐거운 시간을 갖고 싶다.

KE I want to enjoy time with my family at Christmas Eve. (x)

EE **I want to enjoy time with my family ______________.**

***Type* 3** 일본은 지난 **80년대에** 부동산 위기를 한차례 겪었다.

KE Japan had a fiscal real estate crisis back at the 1980s. (x)

EE **Japan had a fiscal real estate crisis back ______________.**

정답: [at Christmas], [on Christmas Eve], [in the 1980s]

참조 Day에 붙는지 안 붙는지에 따라 다른 전치사를 갖는 경우
'크리스마스에' → 'at Christmas', 'on Christmas Day', '부활절에' → 'at Easter', 'on Easter day'

구문연습 Ⅰ

***Type* 1**

우리 비행기는 **5시에** 인천공항에서 출발한다. (at)

My flight departs from Incheon airport ________________.

우리는 **지금 당장** 그렇게 바쁘지 않다. (at)

We aren't busy ________________?

점심 시간에 손님 모두가 음식을 맛있게 먹었다. (at)

________________ all the guests enjoyed their dishes.

정답: [at 5 o'clock], [at the moment], [At lunch time]

***Type* 2**

우리는 **5월 3일에** 결혼식을 올리기로 했다. (on).

We are going to hold our wedding ceremony ________________.

불행히도 **크리스마스에** 일해야 한다. (on)

Unfortunately, I have to work ________________.

월요일 아침에 모든 서류를 그에게 넘겼다. (on)

I handed over all the documents to him ________________.

정답: [on the 3rd of May], [on Christmas Day], [on Monday morning]

***Type* 3**

21세기에는 두 한국이 통일될 것으로 예측된다. (in)

It is expected that the two Koreas will be reunified ________________.

아침과 밤은 쌀쌀하고 낮 동안에는 따뜻하다. (in)

It is cool ________________ and at night; and warm during the day.

그는 43세의 나이로 **8월** 대통령으로 취임한다. (in)

________________ he takes office as the President of the country at the age of 43.

정답: [in the 21th century], [in the morning], [In August]

구문연습 II

Type 1

부산행 기차가 4시 30분에 도착한다. (4:30)

올해의 할로윈 파티는 일몰 쯤에 시작할 것이다. (sunset)

대부분에 사람들은 밤에 운전하는 것을 좋아하지 않는다. (night)

Type 2

그 유명인과의 인터뷰는 4월 27일로 잡혔다. (the 27th of April)

나는 남자친구와 발렌타인데이에 데이트를 했다. (Valentine's Day)

우리는 수요일마다 그 항의 집회에 참석한다. (Wednesday)

Type 3

한국에 있는 스키 리조트 대부분은 여름에 문을 닫는다. (summer)

나는 한국경제가 호황이었던 1980년대에 태어났다. (1980s)

그는 올해 6월 62세의 나이로 인도에서 사망했다. (June)

참조 **관용적 표현은 in the morning(아침에), in the evening(저녁에) 등이 있다.**
그 밖의 시간을 나타내는 전치사들은 **before/after(전/후), since/until(이래로/까지), by, from/to(부터/까지)** 등이 있다.

구문연습 Ⅱ 제시 답안

Type 1

부산행 기차가 4시 30분에 도착한다.
The train for Busan arrives at 4:30.

올해의 할로윈 파티는 일몰 쯤에 시작할 것이다.
This year's Halloween party starts at sunset.

대부분에 사람들은 밤에 운전하는 것을 좋아하지 않는다.
Most people don't like driving at night.

Type 2

그 유명인과의 인터뷰는 4월 27일로 잡혔다.
The interview with the celebrity is scheduled to be on the 27th of April.

나는 남자친구와 발렌타인데이에 데이트를 했다.
I went on a date with my boyfriend on Valentine's Day.

우리는 수요일마다 그 항의 집회에 참석한다.
We participate in the protest rally on Wednesdays.

Type 3

한국에 있는 스키 리조트 대부분은 여름에 문을 닫는다.
Most ski resorts in Korea are closed in the summer.

나는 한국경제가 호황이었던 1980년대에 태어났다.
I was born in the 1980s when the Korean economy was booming.

그는 올해 6월 62세의 나이로 인도에서 사망했다.
He died in June of this year in India at the age of 62.

5-6 접속어미 vs. 전치사(이유/원인)

원리

한국어에서 **목적과 원인을** 나타내기 위해서는 "해서", "하러", "을 위해"와 같은 동사의 접속어미가 사용된다. 이에 상응하는 영어표현에는 **"for", "with", "in", "at"**과 같은 다양한 전치사가 맥락에 따라 사용되며, 이 전치사구들은 주로 문장 뒤쪽에 위치하는 경우가 많다.

예시

Type **1** 행위의 목적을 나타내는 경우 'for' 으로

대부분의 가장은 **가족들을 위해** 열심히 돈을 번다.

→ Most breadwinners make money **for their families.**

Type **2** 감정이나 동작의 원인을 강조하는 경우는 'with' 로

나는 **가족과 함께** 있어서 너무 행복하다. → I am so happy **with my family.**

Type **3** 감정이나 동작의 원인으로 'at (the sight sound/ thought/ touch)'

나는 **알람 소리에** 잠을 깼다. → I woke up **at the sound of the alarm.**

다시쓰기

Type **1** 우리는 늘 **위안을 얻기 위해** 엄마를 찾는다.

KE We always go to our mom in order to get comfort. (△)

EE **We always go to our mom** ______________________.

Type **2** 그 여자는 **머리를 잘라** 훨씬 어려 보인다.

KE She looks much younger when they have hair cut. (△)

EE **She looks much younger** ______________________.

Type **3** 수 많은 팬들이 남자 아이돌 그룹BTS를 **보고** 열광했다.

KE Numerous fans went wild when they saw BTS, the Korean boy band. (△)

EE **Numerous fans went wild** ______________________ **the BTS, the Korean boy band.**

정답: [for comfort], [with a short haircut], [at the sight of]

구문연습 I

***Type* 1**

그는 **돈 때문에 그의 꿈을** 버렸다. (for)

He threw away ____________________.

그 패션 모델은 **오디션을 위해** 파리로 떠났다 . (for)

The fashion model left for Paris ____________________.

우주 관광 산업을 위한 새로운 플랫폼이 5년 뒤에 완성될 것이다. (for)

____________________ will be completed in the next five years.

정답: [his dream for money], [for audition], [A new platform for space tourism]

***Type* 2**

그 문은 **어떤 열쇠로도** 열리지 않는다. (with)

The door won't be opened ____________________.

한국은 **가장 큰 시장 점유율로** 1위를 차지했다. (with)

Korea ranked 1st ____________________.

스푼으로 휘젓고 마셔봐. (with)

Stir the drink ____________________ and try it.

정답: [with any key], [with the largest market share], [with a spoon]

***Type* 3**

우리는 그의 좋은 성적에 **깜짝 놀랐다.** (at)

We ____________________ his high score.

전세계 통화 시장이 미국이 내놓은 보고에 **충격에 빠졌다.** (at)

Currency markets around the world were ____________________
a report released by the U.S.

그 지역민은 **파괴적인 폭우를 보고는** 공포에 질렸다. (at the sight of)

The local residents were horrified ____________________.

정답: [were surprised at], [alarmed at], [at the sight of the destructive storm]

구문연습 II

Type 1

우리는 저녁을 먹으러 집밖을 나섰다. (dinner)

많은 철새들이 여름을 보내기 위해 이동한다. (summer)

그 애완동물 주인은 조깅하러 갈 때마다 개를 데리고 간다. (walk)

Type 2

이 사진은 오래되어 변색되었다. (age)

그 아이는 공포로 와들와들 떨었다. (fear)

나는 기뻐서 가슴이 울렁거렸다. (joy)

Type 3

우리는 집에 돌아갈 생각에 힘이 났다. (thought)

전세계 수많은 한국 영화 팬들은 그 소식을 듣고 충격에 빠졌다. (news)

그 프랑스인은 그 한국 여배우가 보이자 그녀에게 다가왔다. (sight)

그 아이는 파괴적인 장면을 보고 공포에 질렸음에 틀림없다. (scene)

Type 1

우리는 저녁을 먹으러 집밖을 나섰다.

We left home for dinner.

많은 철새들이 여름을 보내기 위해 이동한다.

Many migratory birds migrate for the summer.

그 애완동물 주인은 조깅하러 갈 때마다 개를 데리고 간다.

The pet owner brings his dog whenever he goes out for a walk.

Type 2

이 사진은 오래되어 변색되었다.

This photo yellowed with age.

그 아이는 공포로 와들와들 떨었다.

The child trembled with fear.

나는 기뻐서 가슴이 울렁거렸다.

I felt my heart beating with joy.

Type 3

우리는 집에 돌아갈 생각에 힘이 났다.

We cheered up at the thought of going back home.

전세계 수많은 한국 영화 팬들은 그 소식을 듣고 충격에 빠졌다.

Countless Korean movie lovers all over the world were shocked at the news.

그 프랑스인은 그 한국 여배우가 보이자 그녀에게 다가왔다.

The French man came up to her at the sight of the Korean actress.

그 아이는 파괴적인 장면을 보고 공포에 질렸음에 틀림없다.

The child must be horrified at the destructive scene.

6장

부정 표현이 달라요.

6-1 동사 부정 vs. 다양한 품사 부정

6-2 부정 표현 vs. 긍정 표현

원리

한국어는 주로 동사를 통해 문장 부정을 만드는 반면 영어는 동사를 통한 부정 이외에도 다른 형태의 부정 표현이 사용된다. 다시 말해, 한국어는 단형 부정("안 가다")과 장형 부정("가지 않았다")과 같은 동사 부정을 통해 문장을 부정하는 반면, **영어는 "not"을 통해 이루어지는 동사 부정 외에도 "nobody"와 "nothing"과 같은 부정 대명사, "neither~nor"와 같은 부정의 등위접속사, "never", "nowhere"와 같은 부사류 등에 의해 문장 부정**이 실현된다.

예시

Type 1 부정 대명사 'nothing', 'nobody', 'none' 등으로 표현
나에게 지금 어떤 것도 중요하지 **않다.** → **Nothing** is important to me now.

Type 2 'never' 등의 부사나 'nor'와 같은 접속사 등으로 표현
그는 이틀 정도 먹지도 마시지도 **않았다.**
→ He has **neither** eaten **nor** drunk for a couple of days.

다시쓰기

Type 1 네가 그곳에 열정을 다한다면 **불가능은 없다.**
KE There is no impossibility if you put your heart into it. (△)
EE ______________________ **if you put your heart into it.**

Type 1 운 좋게도, **아무도 다치지 않았지만,** 재앙이 될 뻔 하였습니다.
KE Thankfully, anyone was not hurt, but it could have been a disaster. (x)
EE **Thankfully, ______________________, but it could have been a disaster.**

Type 2 그는 결코 그 분야의 정상에 **오르지 못했다.**
KE He didn't make it to the summit of the profession. (△)
EE **He ______________________ to the summit of the profession.**

Type 2 **나와 아내는** 이사에 관해 **전혀 언급하지 않았다.**
KE Neither my wife and I didn't mention anything about moving house. (x)
EE ______________________ **mentioned anything about moving house.**

정답: [Nothing is impossible], [nobody was hurt], [never made it], [Neither my wife nor I]

***Type* 1**

그 선수들 중 어느 누구도 점수를 내지 **못했다.** (none)

____________________________ hit the target.

최선을 다하면 **불가능이란 없다.** (nothing)

____________________________ if you do your best.

그가 왜 학교를 중도에 그만두었는지 **아무도 모른다.** (No one)

____________________________ why he dropped out of school.

공연 결과로 비난을 받는 것을 **좋아할 사람은 없다.** (nobody)

____________________________ to be blamed for the result of the performance.

집에서는 **아무것도 하지 않고** 쉬고 싶다. (nothing)

I want to take a rest, ____________________________.

정답: [None of the players], [Nothing is impossible], [No one knows], [Nobody wants], [and do nothing at home]

***Type* 2**

우리 아버지는 한번도 해외 **여행 가본적이 없으시다.** (never)

My dad ____________________________ abroad.

그 전쟁 피난민들을 **받아 줄 곳이 아무데도 없다.** (nowhere)

There is ____________________________ the war refugees.

나는 **돈도 없고 빽도 없다.** (neither)

I have ____________________________.

대부분의 한국인은 도움이 필요한 사람을 **그냥 지나치지 않는다.** (rarely)

Most Koreans ____________________________ those in need.

이 문제에 대한 그의 대답은 **긍정도 부정도 아니다.** (neither)

His answer to this issue is ____________________________.

정답: [has never travelled], [nowhere to house], [neither money nor good backing], [rarely pass by], [neither 'yes' nor 'no']

구문연습 II

Type 1

그 요리사는 이 빵을 만들기 위해 밀가루와 물 외에는 다른 것을 사용하지 않았다. (nothing)

결점이 없는 것은 이 세상에 아무것도 없다. (nothing)

그 노래를 그 가수만큼 부를 수 있는 사람은 없다. (No one)

면허증이 없으면 어느 누구도 자동차 운전을 할 수 없다. (Nobody)

얼마나 많은 탈북민들이 중국에서 떠돌고 있는지 아무도 모른다. (nobody)

주식투자에 관해서는 전혀 모른다. (nothing)

Type 2

그런 일들은 엄두도 못 냈다. (never)

가엾은 아이들은 아무데도 갈 곳이 없다. (nowhere)

두 숙녀 모두 그의 말에 별로 주의를 기울이지 않았다. (neither)

그가 그 임무를 수행하기에 너무 어린 것은 아니다. (never)

이 지역의 날씨는 너무 춥지도 덥지도 않다. (neither)

Type 1

그 요리사는 이 빵을 만들기 위해 밀가루와 물 외에는 다른 것을 사용하지 않았다.
The chef used nothing other than wheat flour and water for the bread.

결점이 없는 것은 이 세상에 아무것도 없다.
There is nothing that is not flawed.

그 노래를 그 가수만큼 부를 수 있는 사람은 없다.
No one else can sing the tune as well as the singer.

면허증이 없으면 어느 누구도 자동차 운전을 할 수 없다.
Nobody is permitted to drive a car without a driver's license.

얼마나 많은 탈북민들이 중국에서 떠돌고 있는지 아무도 모른다.
Nobody knows how many North Korean asylum-seekers are wandering around in China.

주식투자에 관해서는 전혀 모른다.
I know nothing about stock investment.

Type 2

그런 일들은 엄두도 못 냈다.
Such things never entered my head.

가엾은 아이들은 아무데도 갈 곳이 없다.
The poor children have nowhere left to go.

두 숙녀 모두 그의 말에 별로 주의를 기울이지 않았다.
Neither of the young ladies paid much attention to what he said.

그가 그 임무를 수행하기에 너무 어린 것은 결코 아니다.
He is never too young for the task.

이 지역의 날씨는 너무 춥지도 덥지도 않다.
The weather in this region is neither too cold nor too hot.

원리

동사의 부정형을 통해 다양한 부정 표현을 만들어 내는 한국어와 달리, **영어는 동사나 형용사처럼 어휘의 내포적 의미 그 자체를 이용해 부정 표현을 담아낼** 수 있어, "not"과 같은 부정 어휘들을 따로 붙이지 않는 경우가 많다.

예시

Type 1 부정의 의미를 담은 형용사('little', 'few')와 부사 ('hardly', 'seldom', 'scarcely') 이용
우리 아버지는 돈이 **거의 없다.** → My father has **little** money.

Type 2 반대되는 표현을 이용하여 긍정표현으로 전환
자연 재앙이 **남의 일이 아닐지도** 모른다.
→ Natural disasters may **happen to** us as well.

다시쓰기

Type 1 그는 지난 일주일 동안 **공부를 거의 하지 않았다.**
KE He has not studied for the last week. (△)
EE He ________ for the last week.

Type 1 딱정벌레는 **물이 없는 상황에서도** 잘 산다.
KE The beetle even lives in environments where there is very no water. (△)
EE The beetle even lives in environments where there ________.

Type 2 뇌물 사건은 **우리사회에서 쉽게 사라지지 않을 것이다.**
KE Bribery cases will not disappear in our society. (△)
EE Bribery cases will ________.

Type 2 술은 **많이 마시지 않는 것이** 좋다.
KE Alcoholic drinks are not good to drink. (△)
EE Alcoholic drinks should ________.

정답: [has hardly studied], [is very little water], [persist in our society], [be consumed moderately]

Type 1

너는 그 시험에 통과하는 게 **쉽지 않겠다.** (difficulty)

You must ______________________ passing the test.

그들은 이 지역의 전통에 **대해 알지 못한다.** (ignorant)

They ______________________ the traditions of the region.

그 도구는 이 책상을 고치는데, **전혀 쓸모가 없다.** (useless)

The tool ______________________ for fixing this desk.

요즘 젊은 엄마들은 **요리를 잘 못한다.** (poor)

Young mothers today ______________________ cooking.

한국은 석유와 같은 **천연자원이 거의 없다.** (few)

Korea has ______________________ such as crude oil.

정답: [have difficulty], [are ignorant of], [is utterly useless], [are poor at], [few natural resources]

Type 2

이번 사건으로 **출생은 속이지 못한다는 것을** 깨달았다. (tell)

I realized through this case that ______________________.

나는 남의 기분을 **잘 살피지 못한다.** (lack)

I ______________________ for the feeling of others.

양측은 타협점을 **찾지 못했다.** (fail)

The two parts ______________________ a compromise.

우리는 비록 가난하지만, **재정적 어려움에 굴복하지 않으려 한다.** (above)

Though we are poor, we ______________________.

우리 부모님은 내 걱정 때문에 밤새 **잠 한 숨 못 주무셨다.** (sit up)

My parents ______________________ all night with their concerns about me.

정답: [blood would tell], [lack consideration], [failed to reach], [try to rise above our financial difficulties], [have sat up]

구문연습 II

Type 1

자사는 당사와의 거래 유지가 불가능하다. (difficulty)

이번 가뭄으로 마실 물도 거의 없다. (little)

그는 결혼식 전날 밤에 거의 잠을 자지 못했다. (barely)

우리는 생각할 시간이 없다. 바로 행동에 옮겨야 한다. (scarcely)

서울의 풍부한 문화적 요소와 대적할 만한 도시는 아시아에 없다. (few)

Type 2

우리 아버지 세대들은 일밖에 몰랐다. (devote)

그 자산가는 가난한 이웃들에게 음식을 아끼지 않았다. (lavish)

미군은 한반도에서 2040년까지 철수하지 않을 것이다. (stay)

교복은 90년대 모델을 벗어나지 못하고 있다. (modeled)

아이들에게는 너무 간섭하지 않는 것이 좋다. (be left alone)

Type 1

자사는 당사와의 거래 유지가 불가능하다.

We have had difficulty maintaining business relationships with your company.

이번 가뭄으로 마실 물도 거의 없다.

Due to this drought, we have little water to drink.

그는 결혼식 전날 밤에 거의 잠을 자지 못했다.

He barely slept at the night before his wedding.

우리는 생각할 시간이 없다. 바로 행동에 옮겨야 한다.

We scarcely have time to think and have to act immediately.

서울의 풍부한 문화적 요소와 대적할 만한 도시는 아시아에 없다.

Few cities anywhere in Asia can match the cultural richness of Seoul.

Type 2

우리 아버지 세대들은 일밖에 몰랐다.

My father's and grandfather's generations were totally devoted to their work.

그 자산가는 가난한 이웃들에게 음식을 아끼지 않았다.

The wealthy man lavished food on his neighbors.

미군은 한반도에서 2040년까지 철수하지 않을 것이다.

The U.S. forces will stay in the Korean peninsula until 2040.

교복은 90년대 모델을 벗어나지 못하고 있다.

School uniforms are still modeled on the designs of the 1990s.

때때로 아이들에게는 너무 간섭하지 않는 것이 좋다.

Children ought to be left alone to themselves sometimes.

7장

강조 표현이 달라요.

7-1 단일 분열문 vs. 다양한 분열문

7-2 어휘 첨가 vs. 도치구문

7-3 어휘 첨가 vs. 기타

7-1 단일 분열문 vs. 다양한 분열문

원리

통사구조를 통한 강조의 경우 영어와 한국어는 강조나 초점 등의 목적을 위해 정상적인 어순을 변화시키기도 한다. 그 예 중 하나가 **WH-분열문과 IT-분열문과 같은 구조이다.** 한국어는 정상적 어순 앞으로의 이동을 수반하는 IT-분열문과 같은 구조를 허용하지 않고, 뒤로 이동시키는 WH-분열문과 같은 구조만을 허용하나 영어는 이 두 구조를 모두 사용한다.

예시

***Type* 1** 다른 것과의 대조가 함축된 경우는 'it 분열문'으로

우리 모두가 원하는 것은 **휴가이다.** → **It's a holiday that** we all need.

***Type* 2** 유일한 것으로의 '대상'에 초점을 둔 경우는 'wh 분열문'으로

우리 모두가 원하는 것은 휴가이다. → **What we all need** is a holiday.

다시쓰기

***Type* 1** 내 친구가 결혼한 사람은 **바로 우리 오빠이다.**

KE My friend got married to my brother. (△)

EE ______________________ **my friend got married to.**

***Type* 1** **바로 그의 아버지가** 그에게 편지를 보낸 사람이었다.

KE His father sent the letter to him. (△)

EE ______________________ **sent the letter to him.**

***Type* 2** **그녀가 입고 있는 옷은** 프라다 자켓이다.

KE She is wearing a Prada jacket. (△)

EE ______________________ **is a Prada jacket.**

***Type* 2** **오늘 내가 말할 내용은** 이중언어교육이다.

KE I want to talk about bilingual education today. (△)

EE ______________________ **is bilingual education.**

정답: [It was my brother whom/that], [It was his father who/that], [What she is wearing], [What I want to talk about today]

Type 1

내가 어제 영화관에서 우연히 마주친 사람은 **바로 폴이다.** (it…who/that)

________________________ I encountered at the cinema yesterday.

내가 고등학생일 때 좋아했던 사람은 **바로 우리 선생님이었다.** (it…whom/that)

________________________ I liked when I was a high school student.

지금 나를 괴롭게 하는 것은 바로 **내일 볼 시험이다.** (it…that)

________________________ bothers me now.

세계 평화야 말로 모든 지구촌 식구가 간절히 원하는 바이다. (it…that)

________________________ every citizen of the world wishes.

세계 젊은이들을 열광시킨 것은 **한국의 아이돌 그룹이었나.** (it…that)

________________________ thrilled their young audiences around the world.

정답: [It's Paul who/that], [It was my teacher whom/that], [It is tomorrow's exam that], [It is world peace that], [It was the Korean idol group that]

Type 2

내가 말하고 싶은 것은 바로 너의 소문에 관한 것이다. (what)

________________________ is the rumor about you.

그가 한국에 온 이유는 바로 그의 여자친구 때문이다. (what)

________________________ was his girl friend.

일본 음식 하면 **가장 먼저 떠오르는 것은** 스시이다. (what)

________________________ when I think of Japanese food is Sushi.

내가 지금 정말 보고 싶은 사람은 우리 엄마이다. (who)

________________________ is my mom.

너가 정말 관심을 가져야 하는 것은 돈이 아니라 결혼이다.

________________________ is not money but marriage.

정답: [What I want to tell you], [What led him to come to Korea], [What first comes to my mind], [Who I really want to miss], [What you should pay attention to]

Type 1

내가 한국에서 견딜 수 없는 것은 추운 날씨이다. (it… that)

상을 탔던 것은 바로 그다. (it…that/who)

내가 이야기 하고 싶은 사람은 바로 우리 아버지였다. (it.…that/who)

남북통일은 모든 한국인이 간절히 원하는 바이다. (it…that)

놀랍게도 아이들이 생일 선물로 받고 싶어하는 것은 돈이었다. (it…that)

Type 2

그 일이 바로 내가 너에게서 도움을 받아야 할 일이야. (where)

집에 도착해 보니 집이 침수가 되어 있었다. 왜 그런가 봤더니 파이프가 터져 버린 거야. (what)

이집트라고 하면 가장 먼저 피라미드가 떠오른다. (what)

내가 지금 정말 마시고 싶은 것은 얼음이 들어간 찬 물 한 컵이다. (what)

너에게 정말 필요한 것은 휴식이다. (what)

구문연습 II 제시 답안

Type 1

내가 한국에서 견딜 수 없는 것은 추운 날씨이다.
It's the cold weather that I can't stand in Korea.

상을 탔던 것은 바로 그다.
It was he that/who won the prize.

내가 이야기 하고 싶은 사람은 바로 우리 아버지였다.
It was my father that/whom I wanted to talk with.

남북통일은 모든 한국인이 간절히 원하는 바이다.
It is the unification of the Korean peninsula that every Korean wishes.

놀랍게도 아이들이 생일 선물로 받고 싶어하는 것은 돈이었다.
Surprisingly, it is money that many children want to receive as a birthday gift.

Type 2

그 일이 바로 내가 너에게서 도움을 받아야 할 일이야.
That is just where I need your help.

집에 도착해 보니 집이 침수가 되어 있었다. 왜 그런가 봤더니 파이프가 터져 버린 거야.
We arrived at home to find the place flooded; what had happened was that a pipe had burst.

이집트라고 하면 가장 먼저 피라미드가 떠오른다.
What first comes to mind when I think of Egypt is the Pyramids.

내가 지금 정말 마시고 싶은 것은 얼음이 들어간 찬 물 한 컵이다.
What I really want to drink is a glass of cold water with ice.

너에게 정말 필요한 것은 휴식이다.
What you need is a rest.

7-2 어휘 첨가 vs. 도치 구문

원리

한국어는 '어휘 첨가'를 통한 강조표현이 일반적이라면 **영어는 '통사구조'를** 통한 강조표현이 일반적이다. 한국어에서 '접두사', '접미사' 등의 어휘 참가를 통해 강조표현이 생성된다면, 영어의 경우는 **도치와 같은 문장 구조 변화를 통해 강조표현**이 주로 생성된다고 볼 수 있다.

예시

***Type* 1** 부사어구나, 보어, 목적어를 문두로 도치시키는 경우
그 남자가 정말 **강으로** 빠져 버렸다. → **Into the river** went the man.

***Type* 2** 부정적 부사를 문두로 도치시키는 경우
우리 아버지는 **말 한마디도 전혀 하지 않았다.** → **Not a word** did my father say.

다시쓰기

***Type* 1** 동경행 3012 편 승객들을 위한 **안내방송입니다.**

KE An announcement for passengers on flight 3012 to Tokyo is here. (△)

EE ______________________ **for passengers on flight 3012 to Tokyo.**

***Type* 1** 그 한국 맥주는 **정말 맛있었다.**

KE The Korean beer was particularly tasty. (△)

EE ______________________ **the Korean beer.**

***Type* 2** 그는 자신의 여자친구가 얼마나 아름다운지 **거의 알지 못하고 있었다.**

KE He didn't realize how beautiful his girl friend was. (△)

EE ______________________ **he realize how beautiful his girl friend was.**

***Type* 2** **그 여배우는 어떠한 옷을 입어도** 매력적으로 보이지 **않는다.**

KE The actress doesn't look attractive in any clothes. (△)

EE ______________________ **the actress look attractive.**

정답: [Here is an announcement], [Particularly tasty was], [Little did], [In no clothes does]

***Type* 1**

그 사고들에 대한 예언은 **정말 소름 끼친다.** (horrifying)

__________________ the prediction for the accidents.

네버랜드에는 요정 팅커벨과 아이들 만이 **살았었다.** (Neverland)

__________________ only the fairy Tinker ball and children.

그 은행 앞에는 큰 나무가 하나 **있다.** (front)

__________________ a big tree.

첨부된 파일을 확인해 주세요. (attached)

__________________ please open.

오늘 신문이 **테이블 위에 있다.** (table)

__________________ today's newspaper.

정답: [Much horrifying is], [In Neverland lived], [In front of the bank stands], [Attached], [On the table lies]

***Type* 2**

가족들이 그의 집을 방문하는 경우는 지금까지 **거의 없었다.** (seldom)

__________________ his family members visited his home.

한국 김치는 **영양이 풍부할 뿐 아니라** 맛도 있다. (not only)

__________________ Korean kimchi, it is also delicious.

우리는 한국 조선산업이 얼마나 **강한 지 모른다.** (little)

__________________ how strong the Korean shipbuilding industry is.

어떠한 조건하에서도 음주는 교실 안에서 허락되지 않는다. (no)

__________________ drinking alcohol permitted in the classroom.

우리는 **말 한마디** 하지 않았다. (not)

__________________ we say.

정답: [Seldom have], [Not only nutritious is], [Little do we know], [Under no circumstances is], [Not a word did]

구문연습 II

***Type* 1**

바로 그 다리위로 시위참가자들이 행진해 갔다. (march)

라디오에서 들려오는 음악소리가 점점 희미해져갔다. (faint)

그는 아무리 가난할지라도 정부지원을 원하지 않는다. (as)

네 코트는 여기, 스웨터는 저기에 있다. (here, there)

문 앞에 검정 코트를 입은 남자가 왔다. (out of the front door)

***Type* 2**

그의 영화는 해피엔딩이 거의 드물다. (seldom)

그는 늦게 나타났을 뿐만 아니라 과제도 깜빡했다. (not only)

우리들 대부분은 현재 우리가 얼마나 행복한지를 잘 모른다. (little)

어떠한 조건하에서도 공공장소에서 흡연이 허락되지 않는다. (no)

어떤 직업을 갖더라도 그는 행복하지 않을 것이다. (would)

한국에서 그렇게 많은 청년들이 실업상태인 적은 없었다. (never)

참조 'here/ there + 동사 + 주어' 강조에서 주어가 **대명사인** 경우 'here/there + 주어 + 동사'로 하며, '장소 부사구' 강조에서는 동사가 **'be' 또는 'go', 'come', 'lie', 'sit', 'stand' 일 때만 '장소부사구 + 동사 + 주어'**로 하고 나머지 동사는 '장소부사구 + 주어 + 동사'로 한다.

Type 1

바로 그 다리위로 시위참가자들이 행진해 갔다.
Over the bridge marched the demonstrators.

라디오에서 들려오는 음악소리가 점점 희미해져갔다.
Faint grew the sound of music from the radio.

그는 아무리 가난할지라도 정부지원을 원하지 않는다.
Poor as he may be, he doesn't want any support from the government.

네 코트는 여기, 스웨터는 저기에 있다.
Here is your coat and there is your sweater.

문 앞에 검정 코트를 입은 남자가 왔다.
Out of the front door came a man in a black coat.

Type 2

그의 영화는 해피엔딩이 거의 드물었다.
Seldom do his movies have happy endings.

그는 늦게 나타났을 뿐만 아니라 과제도 깜빡했다.
Not only did he turn up late, he also forgot his assignment.

우리들 대부분은 현재 우리가 얼마나 행복한지를 잘 모른다.
Little do most of us know how happy we are now.

어떠한 조건하에서도 공공장소에서 흡연이 허락되지 않는다.
Under no circumstances is smoking permitted in public areas.

어떤 직업을 갖더라도 그는 행복하지 않을 것이다.
With no job would he be happy.

한국에서 그렇게 많은 청년들이 실업상태인 적은 없었다.
Never have so many young people been unemployed In Korea.

원리

한국어는 '어휘 첨가'나 반복을 통한 강조표현이 영어에서는 **재귀대명사와 "do", "the very", "in the world/on earth)"와 같은 어휘 첨가와 이탤릭체, 대문자, 겹따옴표**와 같은 문장부호를 통한 강조표현들이 만들어지기도 한다.

예시

Type 1 명사나 대명사를 강조하고자 할 때는 재귀대명사로
점심을 굶기를 원하는 사람은 **바로 나다.** → **I myself** prefer to skip lunch.

Type 2 동사를 강조하고자 할 때는 'do' 동사 첨가로
나는 모든 업무를 **다 완료했다.** → I **did complete** the whole task.

Type 3 의문사 강조는 'on earth'나 'ever' 첨가로
도대체 어떻게 우릴 찾았지? → **However** did you manage to find us?

Type 4 대문자나 이탤릭체, 인용부호와 같은 구두점 첨가로
나는 작은 상자 말고 **정말 큰** 상자를 원했다.
→ I wanted a **LARGE** box, not a small one.

다시쓰기

Type 1 **바로** 그녀가 **그 케익을 만들었다.**

KE She decorated the cake. (△)

EE She decorated ______________________.

Type 2 시카고에서의 내 삶은 **정말 정말 지루했다.**

KE My life in Chicago was very boring.(△)

EE My life in Chicago ______________________.

Type 3 그가 **정말로** 원하는 것은 바로 **맥주이다.**

KE The one thing he longs for more than anything else is beer. (△)

EE The one thing he longs for more than anything else ______________________.

정답: [the cake herself], [did become boring] , [is BEER]

Type 1 그 그림은 **단순함 그 자체다.** (itself)

The painting is ______________________.

그의 아들이 직접 저 차의 창문을 부수었다. (himself)

______________________ broke the window of the car.

정답: [simplicity itself], [His son himself]

Type 2 **나는** 너가 요리했던 그 프랑스 요리를 **정말 먹고 싶었다.** (do)

______________________ the French dish you cooked.

엄마가 아빠한테 계란 하나를 **정말 던졌다.** (do)

______________________ an egg at my dad.

정답: [I did want to have], [My mom did throw]

Type 3 **도대체 누가** 이 책을 보냈을까? (on earth)

______________________ sent this book?

도대체 누가 실내에서 담배를 피우냐? (the heck)

______________________ smokes inside?

정답: [Who on earth], [Who the heck]

Type 4 **나의 이상형은 바로 너라고** 내가 10번 이상 이야기 했다. (“ ”)

I told you more than ten times ______________________.

우리에게 지금 정말 필요한 것은 **바로 첫번째 승리이다.** (WIN)

What we really need ______________________.

정답: [my ideal type is “you”], [is our first WIN]

기 타 **너의 문제의 진짜 핵심은** 내가 왜 화나는지를 너가 모른다는 것이다. (very)

______________________ is that you don’t know what makes me angry.

개인 사생활 침해는 **바로 민주주의 원칙에 반하는 것이다.** (very)

Personal privacy infringement is ______________________.

정답: [The very heart of your problem], [against the very principles of democracy]

Type 1 바로 내가 그것을 장식했다. 다른 누구도 나를 위해 그것을 하지는 않았다. (myself)

장관이 직접 나에게 상을 수여했다. (himself)

Type 2 여기서 샌드위치 살 수 있을까요?. 원래는 그것을 여기에서 팔기는 하는 데, 오늘은 없네요. (do)

나는 저 상자를 정말 가지고 싶다. (do)

Type 3 도대체 누가 그 사실을 알겠습니까? (in the world)

넌 도대체 자정에 도서관에서 무엇을 하고 있었니? (on earth)

Type 4 난 정말 내 공간이 필요하다. (“ ”)

내가 정말 보고 싶은 영화는 어.벤.져.스 이다. (AVENGERS)

기 타 우리는 대기 줄 거의 끝에 있었다. 그래서 티켓을 얻지못했다. (very)

나는 사무실 저 바닥에서 잃어버렸던 그 동전을 발견했다. (very)

Type 1

바로 내가 그것을 장식했다. 다른 누구도 나를 위해 그것을 하지는 않았다.

I decorated it myself. Someone else didn't do it for me.

장관이 직접 나에게 상을 수여했다.

The minister himself gave me the prize.

Type 2

여기서 샌드위치 살 수 있을까요?. 원래는 그것을 여기에서 팔기는 하는 데, 오늘은 없네요.

"Can I buy a sandwich here?" "We do sell them, but we don't have any at the moment."

나는 저 상자를 정말 가지고 싶다.

I do want to have the box.

Type 3

도대체 누가 그 사실을 알겠습니까?

Who in the world knows the facts?

넌 도대체 자정에 도서관에서 무엇을 하고 있었니?

What on earth were you doing in the library at midnight?

Type 4

난 정말 내 공간이 필요하다.

I need some "space".

내가 정말 보고 싶은 영화는 어.벤.져.스 이다.

What I want to watch is the movie, AVENGERS.

기 타

우리는 대기 줄 거의 끝에 있었다. 그래서 티켓을 얻지못했다.

We were at the very end of the line, so we didn't get any tickets.

나는 사무실 저 바닥에서 잃어버렸던 그 동전을 발견했다.

I found the very coin I had lost on the floor of the office.

Memo.

박기성

- 미국 뉴욕주립대(버팔로) 언어학과 박사(1995)
- 캐나다 University of British Columbia 방문교수(2007-2008)와
  미국 City University of New York 방문교수(2016-2017)
- 부산대학교 국제언어교육원장 역임(2013-2014)
- 부산대학교 영어영문학과 교수(1996-현재)

신진원

- 호주 Macquarie 대학 통번역학 석사(2001)
- 부산대학교 번역학 박사(2013)
- 부산대학교 언어교육원 통번역과정 대표강사(2014-2018)
- 부산외국어대학교 통번역대학원 한영과 강사(2013-2014)
- 부산대학교 영어영문과 및 교양교육원 강사(2013-현재)

영어다운 영어
영어식 구문과 표현 따라잡기

초판 인쇄 2020년 6월 22일
초판 발행 2020년 6월 30일

저자 박기성 · 신진원
디자인·편집 배영미
펴낸이 차정인
펴낸곳 부산대학교출판문화원
출판등록 제1983-000001호 1983. 11. 10
부산광역시 금정구 부산대학로 63번길 2 (우편번호46241)
대표전화 051-510-1932 팩시밀리 051-512-7812
https://press.pusan.ac.kr

ISBN 978 - 89 - 7316 - 668 - 8 (93740)